戦争に隠された「震度7」

1944東南海地震
1945三河地震

木村玲欧
Kimura, Reo

新装版

再度の震災も何ぞ
試煉に固む特攻魂
敵機頭上 逞しき復讐

決戦に手を抜くな
比島思へは増産一途

吉川弘文館

目次

はじめに

本書は、過去に日本で起きた二つの地震災害を取りあげる。一九四四年（昭和一九）一二月七日の東南海《とうなんかい》地震、その三七日後に発生した、翌年一月一三日の三河《みかわ》地震である。東南海地震は、紀伊半島の沖合、いわゆる「南海トラフ」と言われている水深四〇〇〇メートル級の深い溝（トラフ）で発生した「海溝型地震」である。三河地震は、愛知県東部の三河地方で発生した、一九九五年阪神・淡路大震災や二〇〇四年新潟県中越地震などと同じ、私たちが生活する地面の真下などで発生した「内陸型（直下型）地震」である。

この二つの地震は「隠された地震」「葬りさられた地震」などと呼ばれている。日本の最大震度である「震度七」に相当する揺れに襲われて、東南海地震では死者・行方不明者一二二三人、三河地震では死者二三〇六人という大被害をもたらしたにもかかわらず、翌日の新聞では「被害はほとんどない」として被害写真も一切報じられなかった。これらの地震は、意図的に「隠された」のである。

当時の日本は、第二次世界大戦（アジア・太平洋戦争）の末期であった。一九四四年七月、サイパンの戦いで日本軍がアメリカ軍に敗北すると、サイパンを含むマリアナ諸島から発進するアメリカ軍のB—29爆撃機によって、日本全土は空襲の攻撃圏内に入った。本格的な空襲が、一一月二四日には東京、一二月一三日には名古屋を襲い、年が明けた四五年には激しさを増して、三月一〇日の東京大空襲、三月一二日・一九日の名古屋大空襲、三月一三日・一四日の大阪大空襲などにつながっていき、八月六日の広島市への原子爆弾投下、八月九日の長崎市への原子爆弾投下を経て、八月一五日に終戦を迎える。

二つの地震は、このような時代に発生した。人的被害もさることながら、道路や橋、鉄道、堤防といったインフラ、軍事施設などにも被害があった。特に被災地は中京工業地帯であり、軍需工場の被害が大きかった。中島飛行機、三菱航空機（三菱重工業）、日本航空機、愛知航空機、名古屋造船などが被害を受け、航空機生産を中心とする軍需産業に壊滅的な打撃を与えた。世界最高水準の航空技術とうたわれていた航空機産業への被害・影響が、日本の敗戦を早めた一因と考えることもできる。

当時、中部日本新聞の東京総局政治部次長であった水谷鋼一《こういち》は、外務省や防空総本部の出先記者からの軍の機密情報を、危険覚悟でノート四冊分の「空襲メモ（水谷メモ）」としてまとめた。そこには震災について、「建物被害のうち、名古屋市南部における重要工場の被害は、時局下、多大の痛手ともいうべく、鉄道被害と併せ、今回の震禍は、戦争遂行上に相当の影響を与えたるものである」とある（水谷・織田　一九七五）。このような被害・影響のために、軍部は報道管制を行い、報道機関は具体的な被害状況などの報道を禁止されたのである。

このような情報統制は広く国民一般に浸透していた。三重県北牟婁《むろ》郡九鬼《くき》村（現尾鷲《おわせ》市九鬼町）が、東南海地震から五日後の一二月一二日に出した九鬼村長名の回覧板には、「三、報道通信ニツイテ」として「1、軍事上ノ必要カラ被害ノ情況ヲ知ラスコトハ禁ゼラレテオリマス。コレハ郵便局デ検閲スルコトニナツテヰマス。2、軍人サンヘノ通信ハ士気ニ関係シマスカラ特ニ注意ノコト」と広く地域住民に対して情報漏洩を規制している（吉村　二〇〇七）（図1）。

当時一六歳だった、愛知県碧海《へきかい》郡櫻井村藤井集落（現安城《あんじょう》市藤井町）の富田達躬《たつみ》は、「東南海地震は長いあいだ横揺れが続いて、貯水槽の水がジャボンジャボンと揺れて、三分の二くらい水が減ってしまった。たいへんな地震だなと思ったけど、後になっても『どこかが地震で被害があったそうだ』という話しか聞こえてこなかった。

戦時中なので、新聞にも載らない。電話は一般家庭にはないしね。情報を全部軍隊が統制していて、言論の自由がなかった」と、当時を振り返っている。

　東南海地震発生後、三重県知事の指示で県内の被災地を調査した同県津市翼賛壮年団本部長の七里《しちり》亀之助（当時三八歳）は、知りあいの新聞記者から「県下の地震情報がなくて困っている」と懇願され、「大津波で錦の家並みはすべて流失し、多数の死者が出た。しかし、町民は泥だらけの国旗を洗って掲揚し、そこで、町長が懸命に激励演説をぶっていた。上空にはB―29の編隊が通り過ぎていった」という被害内容のメモを渡した。翌日、市役所にいた七里は憲兵隊取調室に連行され、押収したメモを見せられ、「貴様、非国民や。地震情報を漏らしたやないか」としてベルトや革靴で失神するまで拷問を受けた。深夜になり三重県知事と津市長が裏から手を回してくれた。頭から水をかぶせられ、寒さと激痛で体を震わせた七里の前で、憲兵隊隊長は「こういうことをやってくれると、こちらも困る」と言い、ようやく釈放された（中日新聞社会部　一九八三）。

　戦時中は、大本営発表をそのまま報道せざるを得ず、すべての記事は検閲され、日本軍に不利になるもの、戦況に影響を与えるものについては一切の報道が禁止された。戦

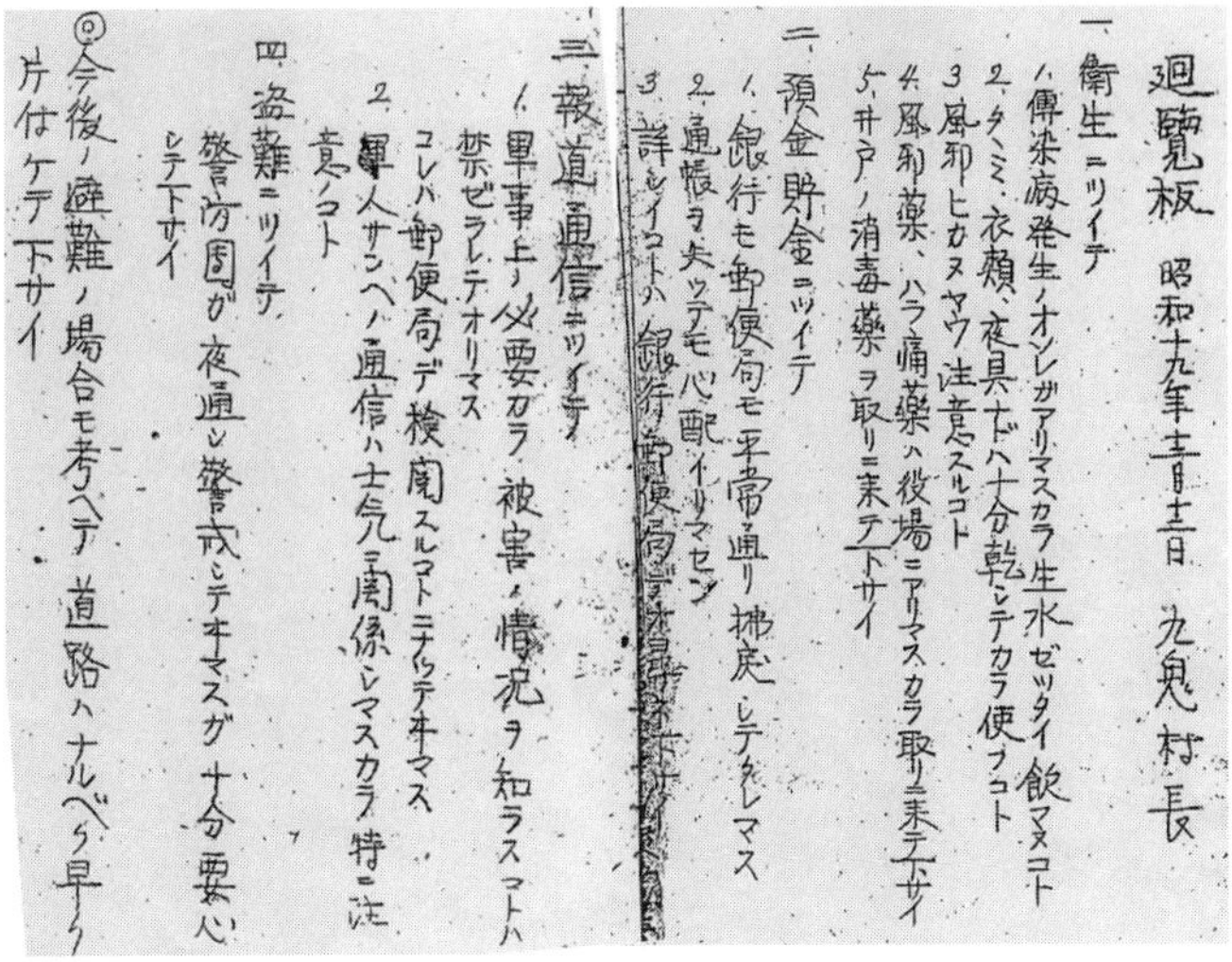
廻覧板　昭和十九年十二月十三日　九鬼村長
一、衛生ニツイテ
1、傳染病発生ノオソレガアリマスカラ生水ゼッタイ飲マヌコト
2、タヽミ、衣類、夜具ナドハ十分乾シテカラ使フコト
3、風邪ヒカヌヤウ注意スルコト
4、風邪薬、ハラ痛薬ハ役場ニアリマスカラ取リニ来テ下サイ
5、井戸ノ消毒薬ヲ取リニ来テ下サイ
二、預金貯金ニツイテ
1、銀行モ郵便局モ平常通リ払戻シテクレマス
2、通帳ヲ失ッテモ心配イリマセン
3、詳シイコトハ銀行郵便局デ[illegible]下サイ
三、報道通信ニツイテ
1、軍事上ノ必要カラ被害ノ情況ヲ知ラスコトハ禁ゼラレテオリマス
コレハ郵便局デ検閲スルコトニナッテ居リマス
2、軍人サンヘノ通信ハ士気ニ関係シマスカラ特ニ注意ノコト
四、盗難ニツイテ
警防団ガ夜通シ警戒シテオリマスガ十分要心シテ下サイ
◎今後ノ避難ノ場合モ考ヘテ道路ハナルベク早ク片付ケテ下サイ

図1　九鬼村回覧板（「昭和拾九年拾二月震災諸記録」九鬼村役場文書　複製，三重県史編さん室）

時中の報道管制といえば、政治的・思想的内容の言論統制に焦点が当てられがちだが、気象や災害の情報も軍事機密にあたり、「被害がほとんどない」といった事実とは異なる報道がされた。これが、被災地外からの人的・物的支援を絶つことにつながったり、余震・誘発地震等の地震に関する情報不足などから不適切な災害対応につながったりしたのである。

本書は、この二つの地震の全体像を、地震学・建築学・土木工学のような理学・工学ではなく、人間や社会の視点から明らかにしようとしたものである。特に、災害情報と報道、被災体験談の二つを柱にしている。

第一章は、東南海地震・三河地震の概要について、掘り起こされた記録、被災者や新聞記者の被災体験を交えながら描いている。また地震の被害を記した「帝国議会秘密会の速記記録」や、東南海地震当日の内務省の新聞検閲の指導内容を記した「内務省検閲課勤務日誌」も紹介しながら当時の状況を概括する（三河地震部分は、木村二〇一三をもとに加筆修正）。

第二章は、当時の新聞報道の実際を見ていきたい。言論統制・報道管制の歴史を整理するとともに、そのような状況の中で、できうる限りの震災報道を試みた被災地の新聞社「中部日本新聞」（現中日新聞）の報道内容を具体的に追っていきたい（木村　二〇〇七をもとに加筆修正）。

第三章から第六章までは、各章で一人ずつ被災者を取りあげて、被災体験談を丁寧に紹介していく。第三章と第四章が東南海地震、第五章と第六章が三河地震を中心とする体験談である。災害が人間や社会にどのような被害・影響をもたらしたのか、どのような生活再建がなされたのか、当時の時代背景が人々の災害に対する意識や対応行動にどのような影響・弊害をもたらしたのかなどについて明らかにしていく。

第七章は、このような歴史災害の経験・教訓を次世代につないでいくための取り組みについて考えていきたい。

被災地の小学校で、被災体験談を用いて行われている防災教育の現状を紹介しながら、歴史災害の経験・教訓を未来への防災・減災へと生かしていくために、どのような姿勢で災害に対峙していけばよいのか提案したい（木村 二〇一〇をもとに加筆修正）。

第一章は地震の概要のため、はじめから読んでいただければ読みやすいと思うが、新聞報道の実際からご覧になりたい方は第二章から、被災体験談を読んでみたい方は第三・四章（海溝型地震）、第五・六章（内陸型地震）から読んでいただければと思う。章単位で文章が完結するように配慮したつもりである。また四名の被災体験談については、出版本として本書が初出のために、一次資料として活用いただければとも思う。本書で紹介した知見・教訓が、人間・社会的現象の観点からの災害像や「わがこと意識」の醸成、未来への防災・減災への種となることを願っている。

なお、本文中の敬称は省略させていただいた。

第一章　地震はいかにして隠されたのか

本章では、東南海地震・三河地震の概要についてまとめる。特に地震の被害や影響について、被災者や新聞記者の被災体験をもとに描いていく。また、これらの地震の被害を記した「帝国議会秘密会の速記録」や、東南海地震当日の内務省の新聞検閲の指導内容を記した「内務省検閲課勤務日誌」も紹介しながら当時の状況を振り返る。

はじめに東南海地震と三河地震の地震災害状況を要約する。

東南海地震は、一九四四年（昭和一九）一二月七日午後一時三六分、紀伊半島の沖合で発生したマグニチュード七・九の海溝型地震であった。死者・行方不明者は一二二三人（愛知県四三八人、三重県四〇六人、静岡県二九五人、その他八四人）。愛知県と静岡県の一部地域で震度七相当の強い揺れに見舞われ、三重県では尾鷲町（現尾鷲市）で最高九メートルの津波が襲来した。大被害にもかかわらず、戦時報道管制下のため、内務省警保局検閲課の通達により、具体的な被害や写真の報道が禁じられた。翌八日の朝日新聞など各紙は三面（全四面）の隅に「昨日の地震　震源地は遠州灘」などとして、具体的な被害ではなく復旧や戦意高揚に焦点を当てて報道した。

その三七日後に発生した三河地震は、一九四五年一月一三日午前三時三八分、愛知県三河地方で発生したマグニチュード六・八の内陸型（直下型）地震であった。死者は二三〇六人で、現在の愛知県安城市南部から西尾市を経て蒲郡市に至る距離約二〇キロ×幅一〇キロの狭い範囲に被害が集中した（飯田　一九七八）（図2）。

報道管制下のため翌一四日は「東海地方に地震　被害、最小限度に防止」（朝日新聞）、「中部地方に地震　旧臘

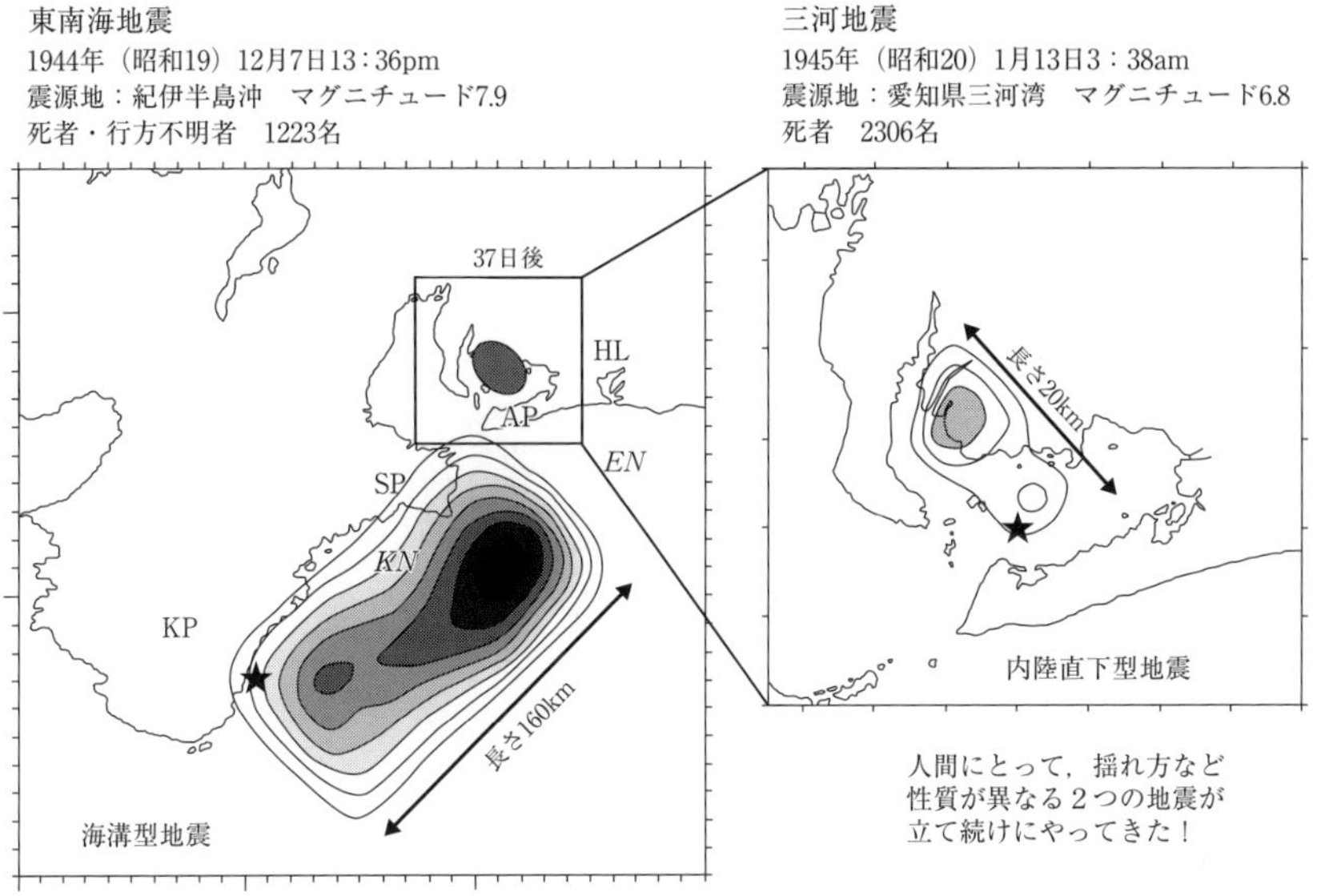

図２　連続して発生した地震災害

七日の余震　重要施設の被害僅少」（読売報知新聞）として、第二面（全二面）の片隅に事実と異なる内容が掲載された。被害拡大の原因として、三七日前に発生した東南海地震で家屋の梁や柱の接合が弱くなっていたことがあげられる。また顕著な前震活動があり、前震が収まり屋外避難から家に戻った夜に三河地震が発生し、家屋倒壊で死亡した人もいた。「東南海地震後の誘発地震の可能性」や「前震による今後の地震発生の危険性」など、戦時報道管制によって地震情報・適切な対応について住民への周知徹底ができず、被害拡大を招いたのである。

次節よりしばらく東南海地震・南海地震の具体的概要について詳述する。これらの多くは、二〇〇七年の中央防災会議・災害教訓の継承に関する専門調査会『一九四四　東南海・一九四五　三河地震報告書』（インターネットから閲覧可能）および二〇一二年の吉川弘文館『日本歴史災害事典』に掲載されている。これまでの先人たちの掘り起こし作業をまとめた労作であり、筆者も編さん者・執筆者の一人として双方に参加している。

一　東南海地震

震度と人的被害

南海トラフでは、地震が繰り返し発生している。この地震よりも九〇年前の一八五四年、江戸時代の嘉永《かえい》七年に安政東海地震・安政南海地震が三二時間の間に続けて発生した（本地震や前年の黒船来航などで地震後に安政と改元）。そこからさらに一四七年前の一七〇七年、同じく江戸時代の宝永四年に宝永地震が発生した。太平洋の海底には水深四〇〇〇メートル級の南海トラフと呼ばれる深い溝（トラフ）があり、九州沖から四国沖、紀伊半島沖、遠州灘、御前崎沖を通って、駿河湾の富士川河口付近まで続いている。この溝は、北西に進むフィリピン海プレートが、日本列島が乗っているユーラシアプレートの下に沈み込むことによってできている。そして、プレートが沈み込むことによって、二つのプレートの境界やプレート内部にひずみが蓄積され、これを解消するために、南海トラフでは歴史的に一〇〇年から二〇〇年ごとに、マグニチュード八クラスの巨大地震が発生している（図3）。

一九四四年の東南海地震の震度分布が図4である。これを見ると、近畿・東海地方の広い範囲で震度五、三重県から静岡県では震度六であったことがわかる。なお、当時は現在のような地震観測網がなかったため、各地の役場や警察署の被害報告をもとに詳しい震度を計算した研究者によると、愛知県と静岡県の一部地域では震度七相当の揺れに襲われたようである（飯田　一九七七）。

またこの地震の後に、津波が発生した。津波は伊豆半島から三重県沿岸までに至り、震源に近い三重県では地震後一〇分程度で津波が襲い、その高さは尾鷲町では九メートル、錦町（現大紀町）では七メートルに及んだ（図

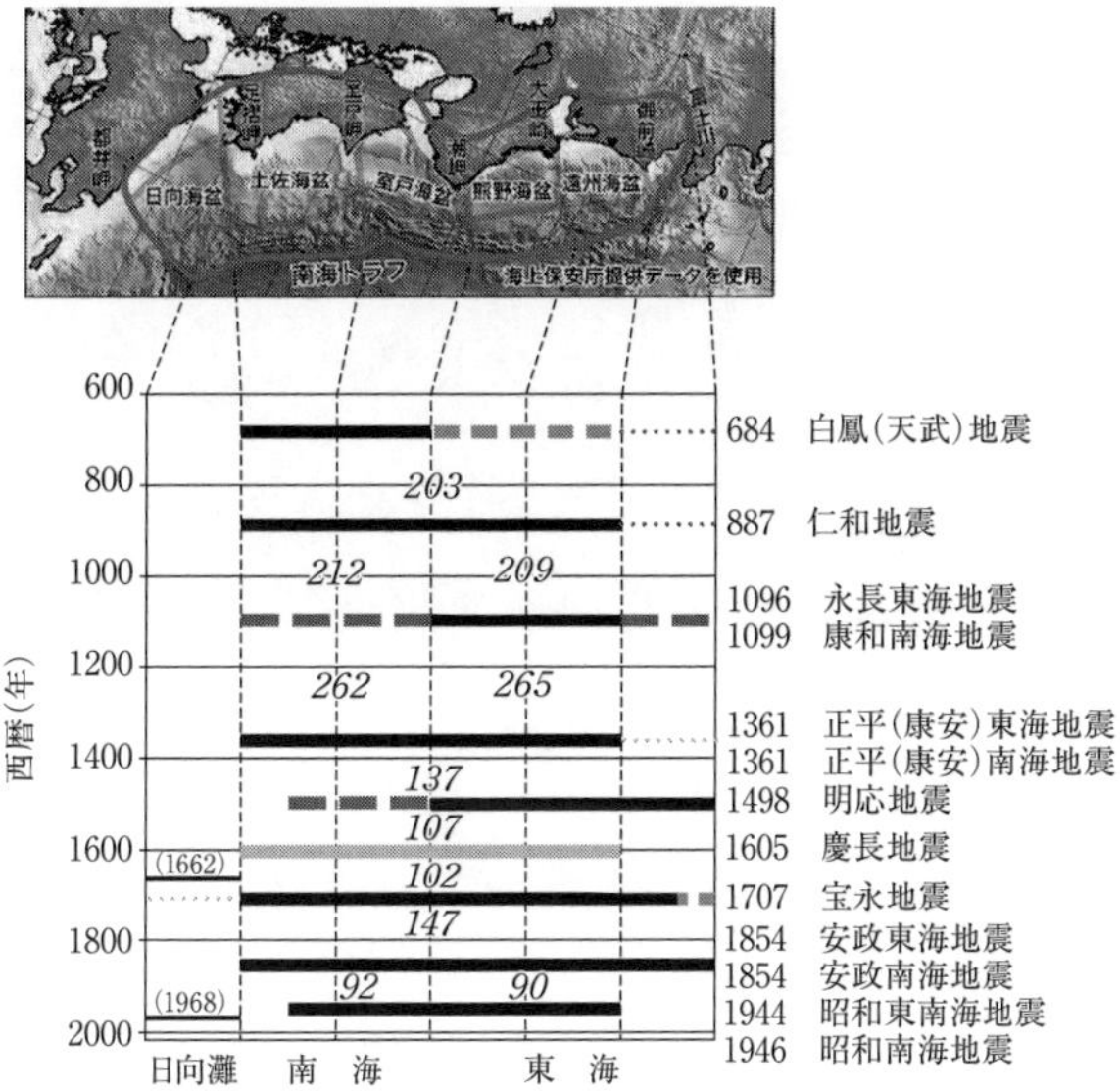

※注
①太線(1605):津波地震の可能性が高い地震
②太点線(684·1707):可能性のある震源域
③太点線(1096·1099·1498):確実視されている震源域
④細点線(684·887·1361·1707):説がある震源域
⑤細線(1662·1968)日向灘のプレート間地震(M7クラス)

図3　南海トラフにおける過去の地震の発生状況(地震調査研究推進本部ホームページより)

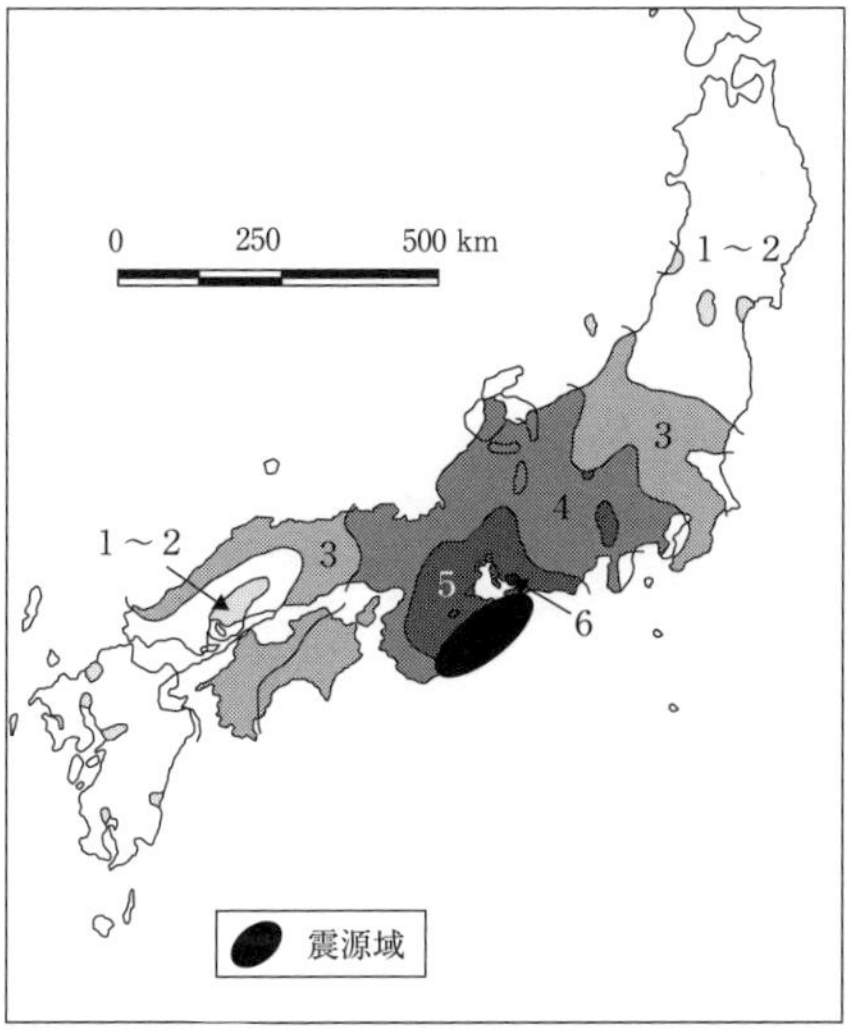

図4　1944年東南海地震の震度分布(地震調査研究推進本部　1999より)

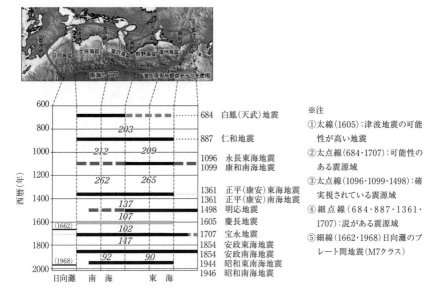

況（太田金典撮影）（写真をつなげたもの）

5)。

この地震による死者・行方不明者は一二二三名、負傷者は二八六四名であった。死者・行方不明者の都道府県別の内訳は、愛知県四三八名、三重県四〇六名、静岡県二九五名、和歌山県五一名、岐阜県一六名、大阪府一四名、奈良県三名となっていて、愛知県・三重県・静岡県で大きな被害があった（飯田　一九七七）。三重県や和歌山県の死者の多くが津波によると考えられ、津波による三重県の死者・行方不明者は五八九名、和歌山県では五〇名であった（宇佐見　二〇〇三）。ここで三重県の死者に注目すると、ある記録では四〇六名で、別の記録では五八九名である。資料によって数字がまちまちであり、この地震・津波による正確な被害の数値は、もはやわからない。

物的被害

東南海地震・三河地震は第二次世界大戦末期の報道管制下で発生したため、被害の詳細な調査や報道が困難だった。そのため明治以降の他の地震災害と比べると、被害の正確な様相は不明である。ただし地震から三〇年後、当時愛知工業大学教授（名古屋大学名誉教授）の飯田汲事《くみじ》が、各地に散在している資料を収集・整理したところ、住宅の全壊は一万七六一一棟、半壊は三万六五六五棟にのぼった。地域別に見ると、愛知県ではほとんどの住宅が地震の揺れによる全壊であった。三重県では、広い範囲で三三七六棟の住宅が地震

図5　三重県尾鷲町（現尾鷲市）の被害状

の揺れで全壊し、県南部の北牟《む》婁《ろ》郡・南牟婁郡・度会《わたらい》郡を中心に二二三八棟の住宅が津波によって流された。

静岡県では、太田川や菊川を中心とした軟らかい地盤で震度七に相当する大きな揺れが起きて、太田川流域の今井村（現袋井《ふくろい》市今井）では住宅の九八・五%が全壊であった。倒壊によって袋井保育所では二二名の保母・幼児、袋井町西国民学校（現袋井西小学校）では疎開児童二名を含む二〇名の児童が死亡した。当時四年生の筒井千鶴子は「五時間目の習字の時間、体がゆりかごのように揺れ始め、みんなで顔を見あわせ、先生のいる方へかけだした。私も前の方へよろけながら走っていき、机にぶつかり転んだその時に、『ゴォーッ』という音と共に、急にあたりが真っ暗になった。体は下向きに倒れ、頭の上には天井が覆いかぶさっていたが、多くの机にささえられ床と天井の間にすき間ができ、それで助かった。廊下へ出た人たちは、ひさしの大きな梁を直接体に受け、死亡したりケガをしたりした」と振り返っている（「東南海地震の体験から」編集委員会編　一九八七）。

さらに戦争が引き起こした悲劇的な被害が起きていた。愛知県半田市の中島飛行機山方《やまがた》工場である。軍用飛行機を生産していたが、工場が倒壊して一五三名が亡くなった（図6）。工場は、阿久比《あぐい》川河口の埋立地にあり、もともとは一九〇二年（明治三五）レンガ造りの紡績工場（東洋紡績知多工場）であった。しかし、戦争によって軍用飛行機を大量に作るために飛行機工場に転用された。この工場では艦上攻撃機や偵察機などの主要部品を生産しており、広大な作業空間が必要であった。そのため、紡績工場時代にあった内部の屋根支柱を、耐震性を考慮せずにすべて撤去していた。また軍事機密保護のために出入口の数を一つにしぼり、さらにその内側には、戸を開

図６　愛知県半田市山方新田の被害（半田市立博物館）

図７　学徒動員で繊維工場で働く（学校法人安城学園）

けても外から中が見えることがないように衝立が設置されていた。そのため、地震に気がついて外へ出ようとした人が集中し、団子状態になって脱出できないでいるうちに、外壁のレンガが崩れて下敷きになってしまった。しかも亡くなった一五三人中、九六名が中学生・女学生であった。戦争で使用する物資を生産するために、学生たちは学徒動員として授業の代わりに工場へ行って働かされていたのである（図７）（山下　一九八六、林　二〇〇七a）。

京都第三中学校三年生であった金山政喜は、七月に京都を出て中島飛行機山方工場で働いている時に地震に襲われた。その時の様子を、当時の日記に基づいて次のように振り返っている。

いつものように出勤して、昼食も終わり仕事にかかった時、自分は昨日書いた手紙を出そうと思って工場の建物を出て、工場内にある郵便局へ向かった。五〇メートルも行かないうちに揺れてきた。午後一時三六分頃である。自分の前にいた牛は、よろよろとして歩けなかった。自分も立っていることができず、電柱のない所で横になって、いま出てきた工場を見ていた。地面は割れて生き物の如く動いている。精神が朦朧として、何を考えているのか自分にもわからなかった。

工場の壁は落ち、窓ガラスは割れた。皆は中から飛びだしてきた。その時、小沢先生の叫び声が聞こえた。我々の友達がレンガの下敷きになっている。レンガの建物は見事に倒壊していた。大きなレンガの塊で、取り除くにも大変だった。自分達も行ったが、どうすることもできずに茫然と眺めていた。血に染まった人達が担架に、また木板に乗せられて運ばれていった。手足の骨が折れてだらりとしている者、何か言おうと口だけを動かしている者、悲惨な光景であった。救出も夕方までで中止された。暗くて何もできないからだ。レンガの下でまだ生きている人がいるのかと思うと何ともいえない気持ちになった。（一部表現を改変）（半田市誌編さん委員会編　一九九五、羽賀　二〇〇七a）

津波被害

津波は、伊豆半島から紀伊半島までを襲った。静岡県下田市柿崎では一・五メートル、愛知県一色町では一・五メートル、和歌山県新宮市では二〜五メートルの津波に襲われたが、最も高い津波に襲われたのは三重県であった。現在の尾鷲市では二・七〜九メートル（盛松・賀田）、大紀町（錦町）では七メートル、南伊勢町では五・五〜六メートル（吉津・神町）、熊野市では三〜六・三メートル（二木島）、紀北町（長島町）では四メートルという津波に襲われた（渡辺　一九九八）。
この津波は、二〇一一年の東日本大震災や、二〇〇四年スマトラ沖地震津波のように、高さが一〇メートルを大きく超え、集落・地域の奥まで到達し、構造物をほとんど破壊し、避難困難な人々が多数発生するような「超巨大」津波ではない。しかし、だからこそ「あいまいな状況の中で、人々の地震・津波に対する適切な認知・判断・行動が、人の命を救い減災につながる」ことを考えるためには貴重な教訓となる。

東南海地震の津波体験談を、「津波からの距離」と「生命への危険度」の二つの要素で整理したところ、①津波との近接・接触なし、②津波に追われる、③津波に浸る、④津波に流される、⑤津波にのみ込まれる、の五つのパターンに分類することができた（木村　二〇〇八）。

①は、「地震後に、自分もしくは周囲の適切な認知・判断・行動によって津波から逃れることができた」という体験談が多い。しかし当時小学生だった山田智一《のりかず》（南牟婁郡新鹿村《あたしか》〈現熊野市新鹿町〉）は、「地震後、父兄が『早く逃げろ』と手ぬぐいを振り回して叫んだが、山間部出身の校長は意味がわからず校庭で訓話を続けた。子どもたちは早く逃げたくてモジモジしていた。『津波だ』と言う声で、たまりかねた教頭の誘導で高台まで避難した」と証言しており、津波自体の知識を知らない大人も存在していたことがわかる。

②は、津波に追われる体験であり、「どこまで追いかけてくるのか」というように、必死で逃げながらも執拗に追ってくる津波を描いている。漁師だった嶋田中《ちゅう》（度会郡吉津《よしづ》村神前浦《かみさき》〈現南伊勢町神前浦〉）は、「地震の後、津波が来ることを知らなかった。水位が上がってきたので網を平地まで上げていた。しかし水位はどんどん上がり、平坦なところで突然速さを増した。私たちは一斉に逃げ出し、一番若い自分は先頭を走った。四〇〜五〇代の人たちは死に物狂いでついてきた」と証言している。

③は、避難が間に合わず津波に浸っている体験である。浜口みきの（北牟婁郡長島町名倉《なぐら》〈現紀北町紀伊長島区東長

島大名倉〉）は、「避難の途中に、母が『位牌を忘れた』と言い、私が取りに帰った。位牌をとって外に出ると、津波が迫っていた。近くにあった木に飛びつき、かろうじて津波に流されずに済んだ」と証言している。

④は、津波の押し波・引き波などの流れによって流されている体験である。小学生だった吉田定士《ていし》（北牟婁郡錦町〈現大紀町錦〉）は、「津波から逃げ切れず、水位が上がってきたので近くの家の中へ逃げ込んだ。そのまま家に閉じ込められ、意識が戻った時には、戸板の上に乗って流されていた。パンツ一枚になり、水の中に飛び込んで、山の脇の道まで泳いだ」と証言している。

⑤は、その表現の通り、津波にのみ込まれながらも生き残った体験である。海女をしていた梅谷みき（当時二二歳・度会郡吉津村神前浦）は以下のように体験を書き表している。

地震からしばらくして、津波のため避難しようと家の窓を閉めていると、夫の父から「（津波で流されにくいように）窓は全部開けておけ」と言われた。閉めかけていた窓をあけようとしたその時、ゴーッというものすごい音とともに水が流れ込んできた。そして流されるたたみや長持ちに背中を押されるように窓からとなりの家の中へと押し流されてしまった。あっという間に水が天井まで流れこみ、部屋の中に閉じこめられてしまった。もう息もできない。目や鼻や耳、そして口の中には泥塩水がつまりとにかく苦しかった。それでも「志摩の海女さんがこんなところで死んでたまるか」と、かべや柱を手でさぐりながら必死で脱出しようとした。もがきながら苦しかった家のなかからやっと脱出した瞬間、息とともに泥塩水をゴクッと飲み込んで気を失ってしまった。次に気がついたのは、近くで助かり浮いていた父親にさおで叩かれた時だった。周りを見ると一面が泥沼のようだった。「どこでもいいからつかまれっ」と言う父親の声が聞こえた。つかまったのは自分の家の屋根だった。どろどろですべる屋根がわらの上に必死で登った。（南島町教育振興会資料センター部編　二〇〇〇）

また津波にのみ込まれた場合には、助かった者は少ない。筆者が行ったインタビューでも、梅村和平《わへい》（度会郡島津村古和浦《こわ》〈現南伊勢町古和浦〉）は、「避難した高台から津波がやって来る様子を見ていた。おじいさんは避難をせずに、大切な食糧であるサトイモを集落の奥のイモ穴に隠して、畑まで戻った時に津波がやってきた。津波が通ったあとには、もうおじいさんはいなかった」と亡くなった祖父について証言している。

復旧・復興に向けての対策

復旧・復興には多くの困難が生じた。戦争で物資が不足している上に、報道管制によって被災地外へ地震・津波の被害情報がほとんど伝わらず、人的・物的支援がほとんどなかったためである。

三重県の災害対応（吉村　二〇〇七）を抜粋すると、地震発生の翌八日、三重県は「県公報」号外を発行した。それは、知事名で震災被害に対する「傷心ノ極ミ」を表するとともに、「罹災民ノ救護ヲ全クスルト共ニ銃後ノ安固ヲ確保シ、以テ非常時難局ノ突破ニ全力ヲ傾注セラレンコトヲ望ム」という趣旨であった。また、同時に「三重県復興本部規程」を告示し、知事が本部長となって災害対応、復旧・復興作業が開始された。本部には総務・資材・経済・勤労・土木部の五部が設けられ、各地方事務所に支部が置かれた。

戦時下の資材不足などさまざまな制約がありながらも、被災地では復旧・復興作業が進んだ。特に倒壊家屋や流失家屋の再建が大きな問題で、復興本部などで仮設住宅の建築が絶えず議論された。錦町では、一四日に青年学校敷地内に三棟のバラックが建築された。これらの建築は県内各地から大工等の工作隊が来て実施したが、一七日は緊急町会でバラック五〇棟の建築計画が立てられ、二四日には県営バラック（第一次計画として総被害戸数三割の一三四戸）の建築が決定された。さらに、倒壊家屋の古材を使用し、県から板釘等の資材を受けて建築する町営バラックもあった。

なお、県営バラックの建設に関わる労力のうち、建設地地均《じなら》し工事・町村内の資材運搬・大工手伝いなどの雑作業は、当該町村民の勤労奉仕によることとし、できる限り町村内の大工・工業組合員を動員して仮設住宅の建築にあたるように指示した。やむを得ず町村外から工作隊の出動を要請する場合は、宿舎・寝具・食事等に関する受け入れ体制を、関係町村で整備することが定められていた。また、収容標準は以下のようであった。「一、一人以上三人以下ハ六畳ニ同居、一、同居家族二人以上六人マデ　六畳、一、同居家族七人以上　九畳（六畳・三畳）」、一人一畳の標準で、これに押入・炊事場が付随した（尾鷲町　一九四四）。当時の経済・社会状況がうかがえ、不自由な生活を余儀なくされた。

当時、小学校の教員をしていた中世古《なかせこ》ひろよ（北牟婁郡錦町）は、バラックでの生活について「小学校の農地をつぶしてバラックが建ち、そこに入ることができた。長屋で、一部屋とお勝手があるような家だった。屋根や壁が板張りで、雨が降ると漏るような粗末な感じで、隣の家とは板一枚で声も届くし節穴からのぞくこともできる。台風では共同トイレが飛ばされてきた」と証言している。

次に、愛知県の災害対応（羽賀　二〇〇七b）を抜粋すると、地震翌日の八日、県庁に愛知県震災対策協議会を設け、一二日に県庁で愛知県政調査会が開催され、県庁から県議に対して被害状況と復旧対策が示され、対策費は追加予算で対応するとの決議がなされた。特に応急的な復旧方針として、「軍需生産、運輸交通機関及電気・瓦斯・水道等動力源ノ確保ヲ最優先トスルコト」が提示された。具体的な対策としては、①名古屋市内の全壊家屋は原則として復旧せず、愛知県・名古屋市で買い上げる、②名古屋市内の全壊家屋居住者のために市内の空き家を優先的に提供する、③農村の全壊家屋は強力に復旧して、食糧増産に支障のないようにする、④復旧資材は総力を挙げて収集する、⑤新潟県から来援の「麦蒔応援隊」二〇〇人に、県内の農場練習生三〇〇人を加えて、奉仕隊を組織して年内に麦蒔きを実施する、⑥県から死亡者に弔慰金として三〇円を贈る、⑦勤労学徒の死亡者に対しては、県内の者には二〇〇〇円ずつ、県外の者へは一〇〇〇円ずつの弔慰金を贈り、戦死者に準じて学校葬を執り行うことが決定された。

また、一三日には初めての名古屋空襲という事態を受けて、震災対策は同時に空襲対策となった。愛知県は、空襲・震災の罹災者に対して、日用品の特別配給を実施した。アルミニウム製鍋を一世帯一個、茶碗一人一個、皿五人に二枚ずつ、湯沸かし・火鉢一世帯一個、ローソク一世帯五個、マッチ一世帯二個、地下足袋一世帯一足、軍手一世帯一双、ちり紙一人五〇枚、下駄一世帯一足という特配基準が示された。

最後に、静岡県の災害対応（小澤　二〇〇七）を抜粋すると、地震発生直後、静岡県庁では、総務部・食糧部・資材部・復旧部・警備本部からなる非常対策本部を開設した。①総務部は情報の整理伝達、罹災者の救護・収容・扶助、②食糧部は食料品の調達配給、③資材部は夜具衣類など罹災者の日用生活用品・復旧用物資などの調達配給、④復旧部は応急建築物の工作、道路・橋梁・港湾・河川・水道の応急復旧などを分担した。⑤警備本部は警察部であるが、一五時二五分には特別警備隊員を清水・堀之内・掛川・磐田・森町・浜松の各警察署へ派遣し、被害情報の収集、各種情報の発表統制、流言飛語の取り締まり、自動車の動員、経済かく乱の防止などの活動にあたらせた。また警防団も、各自二食分の食糧と復旧工作用具を携行して派遣され復旧作業に従事した。軍からも各警察署管内や太田川付近の鉄道復旧作業に派遣された。

また、死亡者一人当たり弔慰金三〇円を一三日に支給、軍人関係罹災者に対しては、軍人援護会などによる見舞金の贈呈、生業資金・厚生資金の貸付、復旧整理作業に対する経費給与などを実施した。

このように戦時中の物資・情報が制限される中においても、各県は工夫をしながらできる限りの災害対応をしていたことがうかがえる。

二　三河地震

地震の特徴

一九四五年（昭和二〇）一月一三日午前三時三八分に、愛知県三河地方でマグニチュード六・八、深さ約一〇キロの地震が発生した。震央は三河湾内の東経一三七度六分八秒、北緯三四度四二分〇秒であり、活動度の低い深溝《ふこうず》断層や横須賀《よこすか》断層という、内陸の浅い活断層に発生した地震であった。地表に現れた深溝断層は十数キロにわたり追跡でき、断層のずれは一九七五年一二月、愛知県の天然記念物に指定され、現在でも保存されている（図8）。

三河地震の三七日前、四四年一二月七日午後一時三六分には、昭和の東南海地震が発生している。三河地震は、東南海地震の断層面からそれほど離れていない地域に起きた地震で、三七日前の東南海地震により誘発された「誘発地震」と見なすこともできる。名古屋大学名誉教授の安藤雅孝は、「広義の余震」（本震の断層とは直接関係しないが、本震の発生が影響して生じたと考えられる、断層の周辺に発生する地震）としている（安藤　二〇〇七）。

三河地震に関する地震活動には二つの特徴がある。一つが顕著な前震活動である。本震二日前には、マグニチュード五クラスが三回（最大マグニチュード五・七）、マグニチュード四クラスが五回発生した。また前震の発生した場所は本震の震源近傍である三河湾の中に限られており、余震の広がりに較べると著しく狭い。

もう一つの特徴が余震の多さである。一月末までの期間に、マグニチュード四以上の余震が一〇〇回以上発生し、そのうちマグニチュード六クラスが一回（マグニチュード六・四）、マグニチュード五クラスが一六回含まれている。これは一九二三年（大正一二）八月以降の地震記録において、二〇〇四年一〇月二三日の新潟県中越地震より体に感じる余震が多い（図9）。また余震は、本震の震源断層域とほぼ同じくらいの広がりを持っていた。

人的被害と家屋被害

三河地震は第二次世界大戦末期の報道管制下で発生したため、被害の詳細な調査や報道が困難だった。そのため明治以降の他の地震災害と比べると、被害の正確な様相は不明である。ただし東南海地震と同じく、地震から三〇年後、飯田汲事が各地に散在している資料を収集・整理したところ、死者二三〇六人、負傷者三八六六人、

図８　三河地震後の深溝断層（1945年２月宮村攝三〈当時東大地震研究所助手〉撮影）
田んぼの真ん中に約1.5mもの断差（隆起）が見られた．

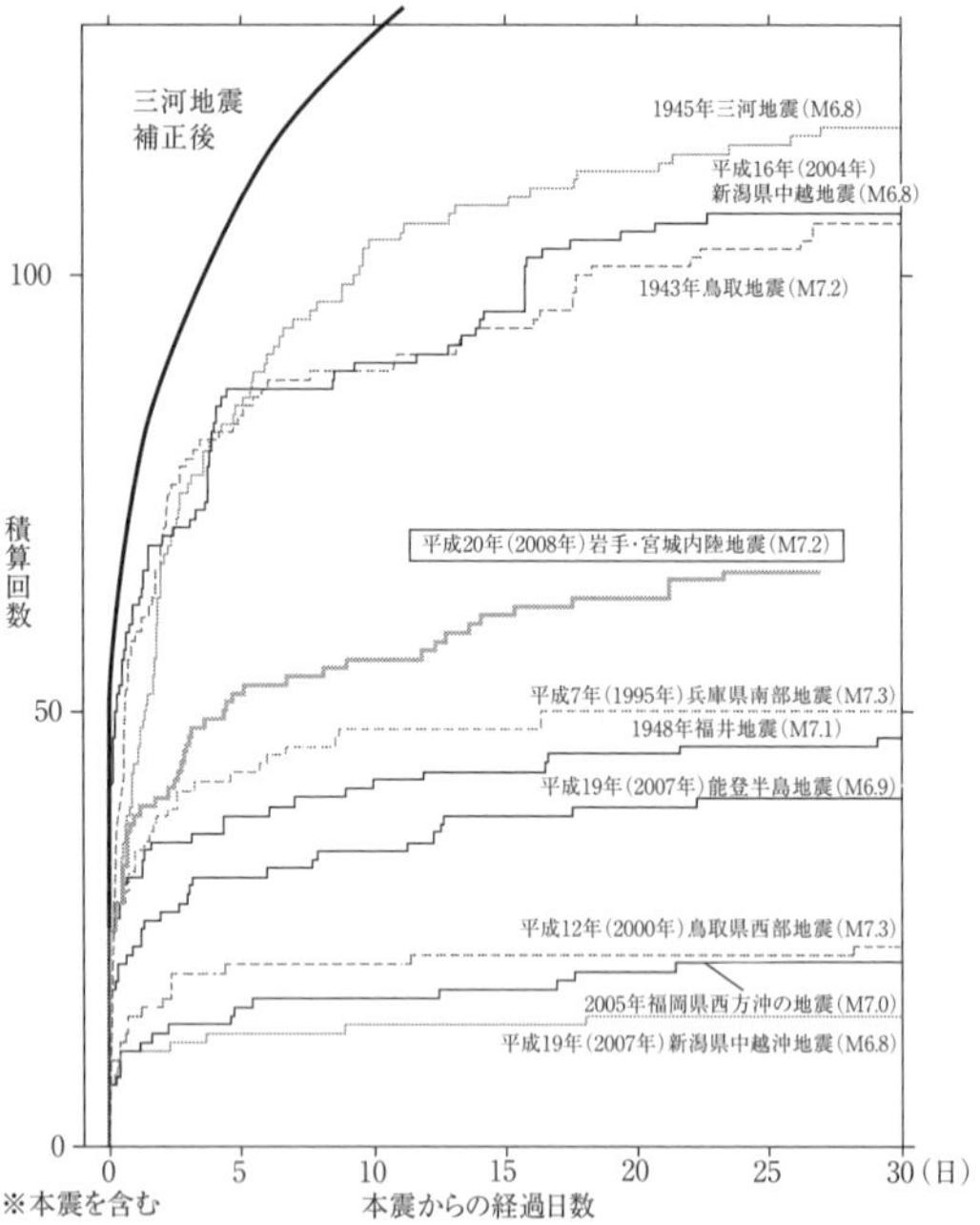

図９　過去の地震活動における余震活動
マグニチュード４以上の累積余震数（気象庁〈2008年7月作成〉の図に，松浦律子〈公益財団法人地震予知総合研究振興会〉が曲線で三河地震の余震規模の補正後の値を加筆〈2012年２月作成〉）

全壊住家七二二一棟、半壊住家一万六六五五棟、全壊非住家九一八七棟、半壊非住家一万五一二四棟となり、これが現在においても一番信頼のおける被害数として認知されている（飯田　一九七八）。

被害は、震央の北西に位置する愛知県幡豆《はず》郡・碧海《へきかい》郡・宝飯《ほい》郡（すべて当時）の三郡で死者二二五八名（全死者の約九八％）、全壊住家六八五五棟（同約九五％）に至った。現在の愛知県安城市南部から西尾市を経て蒲郡市に至る距離約二〇キロ×幅約一〇キロの狭い範囲に被害が集中し、これらの地域は断層の近傍にあたる。特に断層の直上にある幡豆郡福地《ふくち》村では住家の全壊率六六・九％（死者二三四名）、幡豆郡三和《みわ》村では同五九・三％（同一九六名）、幡豆郡横須賀村四三・九％（同二七五名）、碧海郡明治村四四・〇％（同三三五名）、碧海郡櫻井村三六・六％（同一七九名）と、いずれも震度七相当の激しい揺れに襲われて被害を拡大させたことがわかる。これは集落ごとの全壊率を見るとより顕著になり、断層近傍の西尾町徳次《とくつぎ》明大寺《みょうだいじ》では九六・〇％、西尾町寄近郷西《よりちかごうにし》では九三・八％、櫻井村藤井では九二・八％など九割以上の家屋が全壊していたことがわかる（図10）。

断層付近の家屋の被害状況を調べたところ、地表に現れた断層を境にして被害の様相が著しく異なることがわかった（飯田　一九七八）。上盤側ではほとんどすべての家屋が倒壊しているのに対し、下盤側では屋根瓦さえも落ちないという場所が見られた。

図11は、形原《かたはら》町金平《かねひら》地区における家屋被害状況である。網掛けの住家は全壊、斜線の家屋は半壊、白抜きの家屋は微被害を表している。家屋の被害状況は、図のほぼ中央を南北に走る深溝断層を境にして一変している。深溝断層は集落の中央をほぼ北から南に走っており（図中S—T）、断層の西側が東側へのし上がるように動いた。図中の全壊・半壊の家屋は、断層の西側すなわち上盤側に集中し、上盤側ではほぼすべての家屋が倒壊している。また、家屋に付けられた矢印は家屋の倒壊方向を示しており、この場所ではすべての家屋が東側、すなわち地表に現れた断層の方向に向かって倒れている。

図10　三河地震による住家の倒壊率（安城市歴史博物館　2006より）

一方、断層の下盤側となる東側は、地表に現れた断層に接した場所も含めて、倒壊した家屋は一軒もない。この集落の下盤側で、一九七三年の夏に聞き取り調査をした安藤雅孝と川崎一朗は、「地震が発生した時は時計が止まった程度で、まさか、道一つ隔てた向かい側の家が倒壊したとは夢にも思わなかった」という体験談を得ている。このような断層を境にした非対称の被害分布を断層運動そのものに求めている。下盤側はほとんど動かず、薄くて動きやすい上盤側が大きくのし上がるように動くため上盤側に被害は集中する。また、家屋の倒壊方向が地表に現れた断層の方向を向いて揃うことは、断層運動が急激に停止し、一斉に家屋が倒壊したことを示唆するものと考えている（図12）（安藤・川崎　一九七三、林　二〇〇七b）。

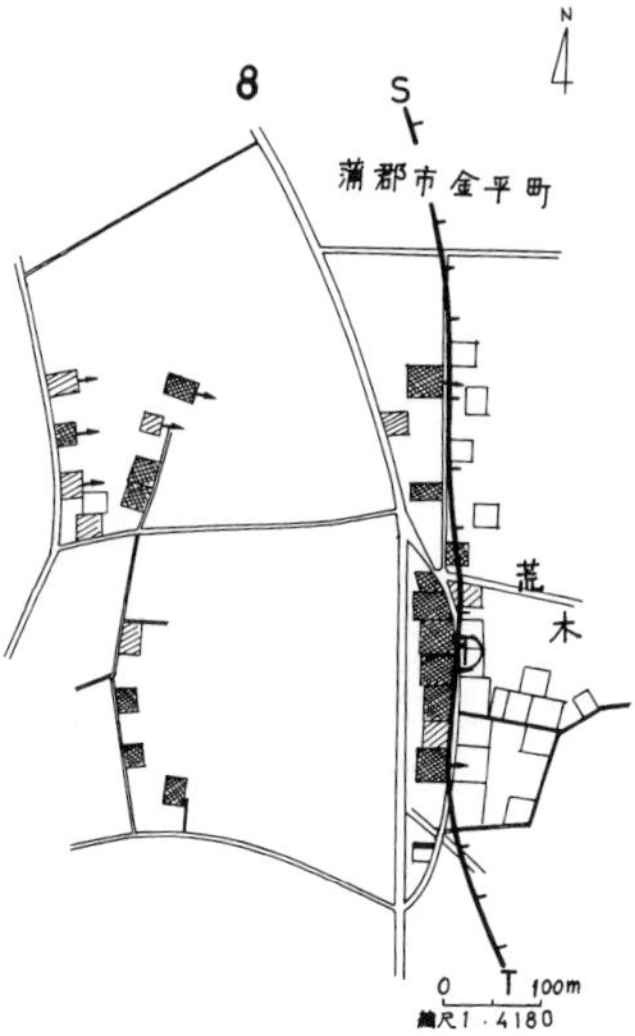

全壊　半壊　微被害　茅葺屋根　瓦屋根　→倒壊・傾斜方向

図11　形原町金平集落における倒壊家屋の分布（飯田　1978より）

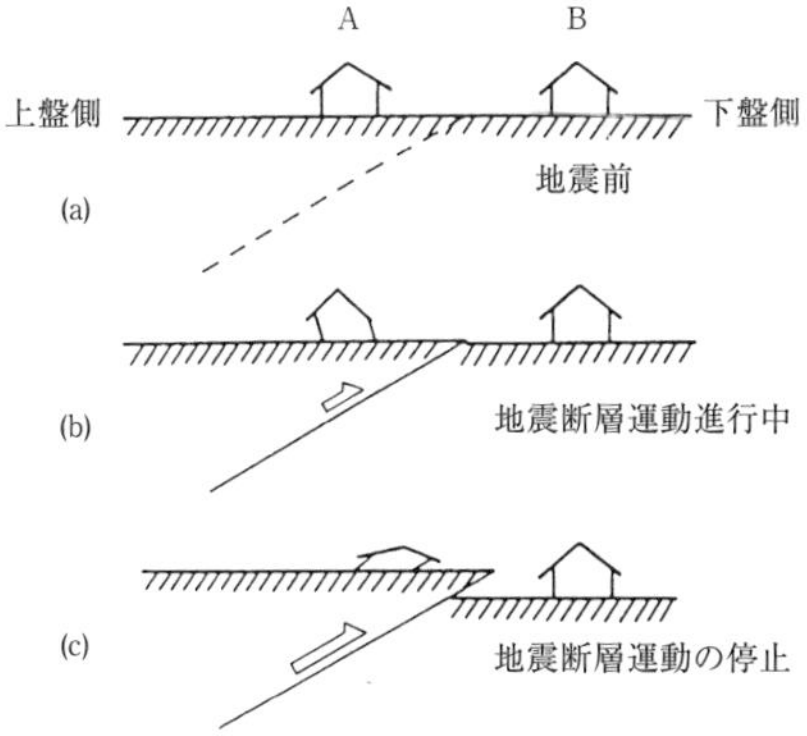

図12　断層周辺の被害模式図（安藤・川崎　1973より）

東南海地震の影響

被害拡大のもう一つの原因として、三七日前に起きた東南海地震によって家屋の梁や柱の接合が弱くなっていたことがあげられる。たとえば幡豆郡福地村では、東南海地震によって住家の四六・一％が全壊して（全壊数五五三戸／総戸数一二〇〇戸）、二一名が亡くなった。そしてさらに三河地震によって住家の六六・九％が全壊して（全壊数四五〇戸／総戸数六七三戸）、一三四名が亡くなった。地震発生前に一二〇〇戸あり、二つの地震で一〇〇三戸が全壊したと考えると、残った建物は一九七戸であり、つまり二つの地震で全壊を免れた家は、割合からすると一六・四％であった。

当時の被災者からは「東南海地震で自宅は激しく揺らされたが倒壊までには至らなかった。しかし、梁と柱との継ぎ目が外れてしまい、簡単に修理することはできず、三河地震で倒壊した。『小さい子はここにいては危険だ』と父親に言われ、姉妹三人は小さな別棟の土間で寝ていたため無事だった。父親たちは倒壊した家の下敷きになってしまった」（神谷みつえ・当時二一歳・幡豆郡吉田町〈現西尾市吉良《きら》町吉田〉）、「戦時中で物や人手がなく、また年末年始の時期だったこともあり、一二月の東南海地震で影響を受けた家屋を修理せずにそのまま住み続け、三河地震で倒壊してしまった」（岩瀬繁松《しげまつ》・当時一七歳・明治村城ヶ入《じょうがいり》集落〈現安城市城ヶ入町〉）、「親戚が東南海地震の翌日に様子を見に来て、家を引き起こし補強する工事の手配をしてくれた。一二月のうちに家の仮補強は完成し、家族全員自宅の中で暮らせるようになったが、一月の地震で倒壊してしまった」（黒柳岩治《いわじ》・当時一八歳・福地村八ヶ《はちが》尻《しり》集落〈現西尾市八ヶ尻町〉）との証言があり、連続地震が、被害拡大の一因であることが推察される。

また当時、戦渦を避けるために、名古屋市から集団疎開していた国民学校（小学校）の児童に多数の死者が発生したことも特筆すべき事項である。名古屋市およびその周辺地域には、兵器関連工場が多数立地していたため空襲の危険性が高かった。そこで、三河地震発生の五ヵ月前にあたる一九四四年八月頃から、学校単位での疎開が始まった。三河地震で大きな被害が出た幡豆郡・碧海郡にも、十数校の国民学校が疎開していた。

たとえば、名古屋市中区の大井国民学校は幡豆郡三和村に集団疎開している。疎開してきた児童や引率の教師は、村内の九つの寺院に分かれて寄宿生活を送っていた。このうち妙喜寺・福浄寺・安楽寺の三寺院の本堂が三河地震により倒壊し、三一名の児童と一名の付添教師の合計三二名が亡くなっている。この他にも幡豆郡吉田町の正法寺や碧海郡高浜町の寿覚寺などでも、地震による本堂の倒壊で多数の児童が亡くなっており、この地震による集団疎開先での犠牲者は五〇名以上と推計されている（角岡 一九九〇をもとに、木股他 二〇〇五、林 二〇〇七b）。

伊奈ユミコ（当時二三歳）は、幡豆郡三和村（現愛知県西尾市）にある安楽寺に嫁いで四年目の出来事だった。「東南海地震では、寺の本堂で集団疎開をしていた名古屋の学童と先生たちが庭に飛び出して『怖い怖い』と言っていた。あまり大きな被害はなく、さらに大きな地震が来るなどという警戒はまったくなかった。三河地震の前日に、ドンドンと下から太鼓で叩いて響くような音の前震があった。寺に参詣していた人も外に飛び出したが、大きな地震が来るとは夢にも思わなかった。三河地震では本堂が倒壊して屋根だけになってしまった。集落がガレキと化した中、住職が駐在所の警察官に助けを求めに行った。少し明るくなった頃に、村の人たちや兵隊が駆けつけてくれ、本堂の屋根に穴を開けて子どもたちを救出した。近所のお医者さんも来てくれた。しかし八人の疎開児童が本堂の下敷きになって亡くなった」。

一般的に言うと、屋根が重く壁も少ない寺院の本堂は必ずしも耐震性に優れた建物ではなく、戦争による疎開のためにそのような場所に寝泊まりせざるを得なかったことは悲劇的な事実である。図13・14は碧海郡明治村西《にし》端《ばた》集落（現碧南《へきなん》市湖西《こせい》町）（住家倒壊率二九・三％）の原田三郎（当時二五歳）が撮影したものである。内陸型地震の短く激しい縦揺れによって寺院が倒壊した様子がわかる。

原田は、東京で近衛兵をしていた。東南海地震後の家屋修理のため、上官の許可を得て正月休みを長めにとって、実家にいた時に三河地震に遭った。なお、当時はカメラもフィルムも貴重品である。趣味でカメラを所持していたこと、軍にいてフィルムが手に入りやすいことが撮影につながった。「上官に報告するための写真を撮った。戦時中はカメラをぶら下げているだけで捕まってしまう時代なので、いたずらに写真を撮ることができず、お寺などの公共物や自分の家などを撮った」と振り返っている。

図13　東南海地震後の康順寺本堂（原田三郎撮影）
1627年（寛永４）頃建立．石灯籠（矢印）は倒れているが，本堂には外見からわかるような大きな被害は発生していない（現碧南市札木町）．

図14　三河地震後の康順寺本堂（原田三郎撮影）
石灯籠（矢印）の奥の本堂が全壊していることがわかる．

前震への対応

三河地震には顕著な前震活動があり、体に感じる地震（有感地震）が多発するという状況によって避難した人がいた。前震の震源に近い宝飯郡形原町では多くの住民が自主的に避難を行い、「三河地震の三日くらい前から前震があり、警戒して外で寝た人も多かった。地震前日、私の家でも裏の空地にシートをテント代わりに張り、そこへ布団を持ち出して家族みんなで寝た。一月一〇日・一一日は近所もけっこう外にいたが、一二日に揺れが少なくなって大分家に戻ってしまった。だから一三日未明の地震の夜には外に寝た人のほうが少なかった」（三浦昭六・当時一三歳・宝飯郡形原町〈現蒲郡市形原町〉）。

「地震が起きる数日前に『ダーン』とか『ドンドンドンドン』という音が海の方から聞こえた。『地震がくる』と思った人も多く、近所の人が共同で外にわら小屋を作り、一緒に二〜三日そこで寝泊まりした。その後、静かになったので家に戻り『何かあったらすぐに出られるように』ということで母と妹二人の女は一階で、父と弟と自分の男は二階に寝た」（小沢《こざわ》正彦・当時一〇歳・宝飯郡形原町）などの証言が多くある。

避難の仕方は屋外にむしろなどで仮小屋を作った場合もあれば、地震の揺れを感じたらすばやく外に出ることを考慮して屋内へ避難した場合もあった。しかし地震に関する情報が報道されないために、顕著な地震活動が収まるとすぐに避難生活をやめてしまい、大きな被害に遭ってしまったというケースがあった。

地震発生後の対応

三河地震は午前三時三八分に発生したため、ほとんどの人が就寝中であった。そのため「訳がわからないまま激しい揺れに襲われ、気がついたら家の下敷きになっていた」（黒柳岩治）、「地震の時は寝たまんまで上下動で這ってもいけなかった」（富田達躬・当時一八歳・櫻井村藤井集落）という体験談が多く聞かれ、「地震に気がついて、揺れの中を外へ出るために移動した」（岩瀬繁松）というような何らかの行動をとった人はごくわずかであった。そのため多くの生き埋め者が発生したが、深夜で真っ暗な中、戦争中で道具がないこともあり、救助救出作業は困難を極めた。

被害の大きくない地域では、まだ夜が明けない段階で近所の人たちによる救出作業が行われ「生き埋めになった母親の捜索を、近所の隣組の人たちが総出で行ってくれた」（岩瀬繁松）という体験談が聞かれた。一方で、住家の全壊率が九〇％を超える櫻井村藤井集落では「火事になった家から、生き埋めになった女学生の『助けてくれ』という声が聞こえてきた。しかしどの家でも死者が出ている状態でみな自分のことで精一杯、しばらくすると『助けてくれ』という声はだんだん小さくなっていき、最後は消えてしまった」（富田達躬）と、地域による共助活動もままならなかった。

また在郷軍人や基地の兵隊による救助も行われた。海軍の明治航空基地が隣接していた明治村和泉集落（現安城市和泉町）では、「倒壊した家の中に挟まって身動きがとれず、もうろうとした意識の中、夜が明ける頃になって明治航空基地の軍人さんたちが私を助け出してくれた」（早川ミサコ・当時一五歳）という体験談が聞かれ、同基地にあった第二一〇《ふたひとまる》海軍航空隊による救助活動が行われていたこともわかる。

避難生活と住宅再建

三河地震は余震が多かったため、自宅が無事もしくは一部損壊だったとしても、地震からしばらくは自宅外での避難生活を余儀なくされ、「集落の家のほとんどが傾いてしまったが、全壊したような家は少なかった。しかし、余震がひどくてとても住める状態ではなかったため、表の通りの真ん中へ、わらで小屋を作って二週間ほど寝起きをしていた」（杉浦隆三・当時二〇歳・明治村東端《ひがしばた》集落〈現安城市東端町〉）との証言があった。

人々は、わらや雨戸・ふすまなどを使って、簡単な避難のための小屋を作って生活しており、これらの小屋のことを、当時は「地震小屋」と呼んでいた（図15）。なお小屋の制作にあたっては「壊れた家の雨戸と船の帆を使ってすぐに仮小屋を作った」（三浦美恵子・当時一五歳・宝飯郡形原町）、「私が中心になって畑に『地震小屋』を作った。農家なので、わらは小屋にたくさんあったし、むしろや縄を作る機械もあった。百姓としての稲がけを普段からしていたのでわら小屋づくりは簡単だった。その日の夜までには完成した」（岡田菊雄・当時一二歳・明治村根崎《ねさき》集落〈現安城市根崎町〉）と述べていた。

図15　地震小屋（宝飯郡形原町〈現蒲郡市形原町〉で現地調査をした宮村攝三〈当時東大地震研究所助手〉撮影）

さらに、地域社会や親族のつながりが強く、日常生活の中で互助関係が成立していたことも、いち早く小屋を建築できた理由であると考えられる。「明るくなってからは、隣組の人たちとお互いに助けあった。道具とかでも、隣近所で『縄がない』って言えば『はい』っていって縄を融通した。助けは来なかったけど、自分たちで何でもやった」（岡田菊雄）との証言があった。このように、自給自足できることと、地域のつながりの強さが地震直後の「住」を保証していたことがわかる。

家の修理・補修・建て直しについての支援を行ったのは、町村や区（大字）が地域の大工や鳶に依頼した「工作隊」と、愛知県地方事務所が組織した「復旧工事勤労挺身隊」であった。この挺身隊は、大工・鳶・瓦師で構成され、名古屋・尾張方面出身者がほとんどであった。その作業内容は「最高度に援助」するので、地元には宿舎・寝具・食事の無償提供を求めている。被災者にとってはこの二つはどちらも「工作隊」と認識されていて、区別されていないようである。

家屋の建て直しといっても、実際は柱・梁・垂木を組み立てる程度で、建築予定だった震災応急住家の図面では計画では六〜七坪しかなかった（実際にはもっと大きく建てられた）。それ以上は被災者自身や親戚、下宿（下士官などが休日に地域の家などで休んだり、飲食の世話になったりすること）をしている兵隊の手伝いによって行われた。「後片付けが終わった三月頃、大工さんが二人一組で来て、新しい家を造ってくれた。二間分の柱を建て、屋根組を作るところまでが大工さんの仕事。一軒の家が一日で建った」（岡田菊雄）との証言があった。

仕事・産業への影響

地震と戦争というダブルパンチによって、個人の仕事、特に自営業は大きな影響を受けることになった。前述の原田三郎は、自宅で、精米・製粉・製麺の工場・店舗をやっていた。東南海地震で自宅が壊れ、その復旧作業のために帰省していた。復旧作業が終わり「明日の朝完成」というその夜中に三河地震が起きて、自宅は再び倒壊してしまった（図16）。工場の機械などもやられ、もはや再建することは不可能で、曾祖父の代から続いた家業を途絶えさせることとなった。

産業については、農村地域の狭い範囲で起きた内陸型地震のため、影響は限定的だった。しかし地殻変動により、愛知県三河地方を代表する形原港の中を断層が走ったために、一方の岸壁が一・五メートルほど隆起し、反対の岸壁は〇・七メートルほど沈降した。そのため漁船を岸壁に付けることができなくなった。

港の機能が失われたことで、漁師が生業を続ける上での死活問題となった。その問題をすみやかに解決することを意図して、形原町の漁師は、戦後の一九四七年（昭和二二）に町会議員に代表者を送り出し、港の復旧のために関係各方面に働きかけをした。その甲斐もあって、一九五〇年には災害復旧として港の浚渫《しゅんせつ》（河や港の底面から土砂などを取り去る工事）が一・五メートル認められ、五二年に竣工した。また、形原港は第三種漁港にも指定され、災害復旧工事と併行して二・五メートルの深さまで修築される工事が進められた。この工事は、全国の第三種漁港の中で最も早く、一九五四年に竣工した（図17）（林　二〇〇七b）。

図16　原田三郎の自宅（精米製粉製麺工場）
左：東南海地震から復興作業中の自宅（翌朝三河地震），右：三河地震後の自宅

図17　地震による地殻変動で干上がった形原港（宝飯郡形原町〈現蒲郡市形原町〉で現地調査をした宮村攝三〈当時東大地震研究所助手〉撮影）

三　政府の情報管理

災害の掘り起こし

資料や体験談などから、東南海地震・三河地震の概要を明らかにしてきた。これまでに用いた資料などからもわかるように、両地震は、数少ないものの先人たちの資料等の掘り起こしによって、ここまで災害像を描くことができている。

文献・現地調査から、人的・物的被害の全貌を明らかにしようとしたのが、前述の飯田汲事である。現在の人的・物的被害の具体的数字はこの資料によるところが大きい。

そして震災から四〇年近くが経過した一九八二年四月、名古屋市内の古書市で、ガリ版刷りの手書きの震災記録二冊が見つかった。両震災の直後に、愛知県が被害状況や対応状況についてまとめた公式記録である。極秘の内部資料として作ったものが戦後の混乱で散逸したと考えられる。飯田は「火災の発生の全容、鉄道・通信の詳しい被害状況も記され、県の復旧活動、対応策をうかがえる価値ある資料」（一九八二年四月一五日、中日新聞夕刊、「終戦前の東南海・三河地震　ナマの記録発見　愛知県資料　古書市からひょっこり」）と評した。これを契機に中日新聞社会部が「恐怖のＭ《マグニチュード》８――東南海、三河大地震の真相」という長期連載企画を、一九八二年七月二一日から同年一二月三日までのあいだに、八八回にわたって同紙朝刊に連載した。人間に焦点を当てて、体験談を中心とした掘り起こし作業を行い、地震や戦争の実態に迫るものであった。そして、この連載を加筆補遺して一九八三年三月に同名の書籍を発刊した。

また岩手県三陸海岸生まれの津波史家で、自らも昭和三陸地震津波の被災者である山下文男が、東南海地震・

三河地震について取材を行い、一九八六年『戦時報道管制下・隠された大地震津波』（新日本出版社）、一九九四年『家も学校も焼けてしまった―ある学童疎開ものがたり』（新日本出版社）、二〇〇九年『隠された大震災―太平洋戦争史秘録』（東北大学出版会）などにまとめた。山下は、地震時には秋田市にある歩兵連隊の留守部隊に入隊していた。もちろん当時は地震のことはまったく知らなかった。古兵（一等兵）たちがひそひそと「ジシン」という言葉を話していて、翌日から古兵の一人がしばらくいなくなってしまった。同郷らしい新兵が「〇〇古兵どのはどこへ行かれたのですか？」と別に古兵に問いかけたところ、「余計なこと聞くんじゃない、ここは軍隊だぞ！」と往復ビンタを何度もくらった。四〇年後に東南海地震の取材で静岡県今井村太田地区（現袋井市内）に赴いた時、地震後に山形の「工作隊」が来て建ててくれた平屋が今でも残っており、調べると東北地方の留守部隊から大工等の特殊技術を持つ兵隊を数人ずつ集めて「工作隊」を作っていた事実があった、と追想している（山下　二〇〇九）。

そして二つの地震から六〇年が経過する頃に、名古屋大学の有志（当時）を中心とした掘り起こしが行われた。これまでの資料を整理するとともに、人間に焦点を当てた体験談を災害発生から復旧・復興に至るまで長期的に明らかにし、阪神・淡路大震災や新潟県中越地震などの災害教訓と比較しながら、未来の防災への教訓を模索したものである。本書で用いている阪野智啓《ばんのともひろ》画伯、藤田哲也《ふじたてつや》画伯による絵画は、この掘り起こし作業の一環で行われているものである。

第一弾の成果として、木股文昭《きまたふみあき》・林能成《よしなり》・木村玲欧《れお》によって、二〇〇五年に『三河地震60年目の真実』を中日新聞社から刊行した。発売から一ヵ月余りで四刷一万冊を超えるベストセラーとなり、人々の地域の歴史災害への興味・関心が、変わらず根強いことが明らかになった。このような流れを受けて、愛知県安城市歴史博物館が二〇〇六年九月一六日から一一月一日まで「企画展　三河地震―直下型地震の恐怖―」を開催した。斎藤弘之学芸員（当時）の尽力もあり、この企画展の図録はさまざまな資料を掲載した労作となっている。

さらに地震学者である名古屋大学の安藤雅孝教授（当時）が主査となり、中央防災会議・災害教訓の継承に関する専門調査会「一九四四東南海・一九四五三河地震」分科会が立ち上がり、専門とする委員の精力的な活動によって二〇〇七年三月『一九四四東南海・一九四五三河地震報告書』が刊行された（インターネットで閲覧可能）。

また三河地震の学習を学校教育現場で生かす試みも行われ、「土地の古老の三河地震被災体験談から学ぶ、地震・災害のしくみと防災のあり方」（代表・木村玲欧）が二〇〇九年に内閣府・防災教育チャレンジプラン優秀賞を受賞した。この内容については、被災者体験談とあわせて、二〇一三年に『歴史災害を防災教育に生かす──一九四五三河地震──』（木村玲欧著、古今書院）として刊行している。

このようにさまざまな人々の手によって、「隠された」東南海地震・三河地震の記録・体験談は掘り起こされ、未来へとつなげられている。

政府が把握していた被害情報

東南海地震・三河地震が発生した後、政府や研究者などは被害実態を把握しなかった、できなかったのだろうか。実は、極秘の形でさまざまな調査が行われていた。

東京帝国大学地震研究所では、東南海地震の翌月「昭和二〇年一月」付で『東京帝国大学地震研究所研究速報第四号』を出版している。表紙にはマル秘の印が打ってある。この中で、現地調査報告を行っている宮村攝三《せつみ》（当時東京帝国大学地震研究所助手）は、「東京（地震研究所）で緩やかな大地震を感じた二日後の一二月九日朝に、リュックに貴重な米少量をつめ、米の配給切符をもって、現地調査を行った。カメラを持参して被害写真を撮影したが、検閲があって発表できず、軍需工場の被害も書けなかった」と当時を回顧している（宮村　一九九二）。また、中央気象台（気象庁）も東南海地震から二ヵ月後の「昭和二〇年二月二〇日発行」で『昭和十九年十二月七日東南海地震調査概報』として現地の踏査報告などを掲載している。この報告書も表紙に「極秘」と刻印され、「本報告は極秘事項を含むを以て之を厳重に保管し其の保管状態に変動を生じたる場合は遅滞なく発行者に報告し用済後不要となりたる場合は直ちに発行者に返却すべきものとす」と書かれている。

そして政府も被害状況を詳細に把握していることが明らかになった。「帝国議会衆議院秘密会議事速記録集」における、昭和二〇年二月九日の「第八十六帝国議会　衆議院決算委員会」の「空襲ノ被害状況及ビ東海、近畿地方ニ於ケル震災ノ被害状況」である。北昤吉《れいきち》決算委員会委員（衆議院議員）（北一輝の実弟、兄とは対立していたと言われている）からの質問に対して、小磯國昭内閣の佐藤洋之助内務参与官（衆議院議員）（参与官は政務次官に次ぐ役職で、現在の大臣政務官に相当）が報告した内容である。

その内容は詳細であり、死者数・倒壊家屋数などは現在知られているものと大きくは違わず、また工場被害などについては本資料でその詳細が初めて明らかになった。

まず東南海地震について以下に抜粋する。「その範囲は相当に広大でありました。関東大震災より大きいという状態でございます。最も大きな被害は静岡、愛知、三重の三県であります。人の被害は死者が九七七名、行方不明が二七名、物的被害では建物の全壊が三万四二〇戸、半壊が五万三一一〇戸、三重県では地震後五分で津波が来襲し、約二丈六尺（筆者注—約七・五メートル）という大波で、度会郡、南北牟婁郡における海岸地帯約三二〇戸が流出しました。橋梁の破壊が一七二箇所、道路の破損が七七三箇所、堤防の破損が三五一箇所、三重県における船舶の被害が甚大で一七三七艘が流出破損しております」、その後、学校や官公署の被害に触れて「三重県の吉津警察署が倒壊して署長が殉職、新鹿村の駐在所が流失して巡査が妻子三名とともに殉職するという犠牲を出しております」と詳細な報告がなされている。

そして最も詳細なのは工場の被害である。「工場の損害は全壊が一七三一棟、半壊が一二八一棟、流失が八一棟でございまして、重要軍需工場の被害が非常に多いのでございます。これは現時局下、まことに遺憾と存ずるのであります。静岡県における主たる被害は日本楽器、中島航空機、小糸航空、日本航空、遠州機器、鈴木機器、愛知県においては三菱航空、愛知航空、中島航空、安立電気、名古屋造船等、三重県においては、石原産業、日本板硝子、東邦重工業の各工場について相当なる被害を被ったのでございます」と、軍事上の大きな被害があったことがわかる。さらに交通通信被害についても「これも相当大きな被害を招きまして、鉄道一二〇箇所の事故が起きておりまして、ことに天竜川の橋脚部に傷みを生じまして、この復旧はなかなか困難であります。徐行をもって通過しているような状態であります」と報告している。

また災害対応についても詳細がわかってきた。「被害が相当大きかった町村においては、直ちに被災者を公会堂・学校など適当なところに収容して、寝具、食糧などを付近家庭より供出して、備蓄物資の利用などによって緊急の措置を講じております。名古屋・浜松方面など水道の破損によって一部給水が不能となった地域においては、給水車、トラックのようなものを用いて非常給水を行っております。また、防空上の緊迫する情勢に備えて、公共用貯水池、防空壕などの完備、防空監視、通信網の回復に努力している状態であります」と報告している。

次に三河地震を抜粋する。「一月七日（筆者注—これは一三日の誤り）の三河地方の震災でありますが、午前三時三八分でありまして、すっかり寝込んでおりました時に非常な上下動の激震でございましたために、人的被害が非常に大きかったのであります。私は早速これを慰問視察に行ってきたのでありますが、幡豆郡と碧海郡の両郡が非常に局部的に痛められている、ことに幡豆郡の西尾町は全滅に瀕しております」と被害の大きさを強調している。

また「毎日余震が四、五〇回起こっております。その余震も相当大きなものであります。建物が傷んでおりますから、建物の中に住まえません。皆、掘立小屋を作り、あるいは道路にいろいろな物を持ち出して避難している状況でありました。流言飛語がとんで、まことに不安な情勢を呈しておりました。死者二六五二人、疎開学童が五五人含まれておったのは痛ましいことであります。重傷者は四七六一人でありました。住家では全半壊あわせまして一万六八八一戸、非住宅、納屋、倉庫のようなものはあわせて一万六五七九戸でございます。今から五四年前の濃尾地震を彷彿させるものがあります。濃尾地震は七〇〇〇人即死したのでありますが、あれを彷彿せしめるものがありまして行って見まして、なかなか涙なしには慰問ができないというような状況でございます」という形で、実際の慰問視察の感想を交えて報告している。また「碧海の一番突端にあります平坂町では、突堤が四メートル沈下して、海水が流出いたしましたから、美田約八〇町歩（筆者注―約七九ヘクタール）が海水に浸かりました」とも報告している。

このように報告者である佐藤内務参与官が、慰問視察において被害に深く心を痛めた様子が衆議院秘密会で報告されていたのである。しかしこのような詳細な被害実態は公表されず、各自治体は適切な対応ができなかったのではないかと思われる。約二〇年前の一九二三年（大正一二）関東大震災と違って、各地からの義援金も全く集まらず、結果的に被害の拡大を招いたのである。

新聞検閲の実態

政府は地震の報道をどのようにして止めたのだろうか。内務省警保局検閲課新聞検閲係『勤務日誌　昭和十九年自十一月至十二月』が国立公文書館に保管されている。『勤務日誌』は、同係が新聞社に対して毎日行った指導や注意、新聞記事を取り締まる各府県の警察部長などに出した指示事項などを記録したものである（泊　二〇〇四）。アジア・太平洋戦争で敗戦後、連合国による公文書の接収によって米国に渡り、その後、同国から返還された。接収前に日本側が焼却処分した公文書も多いと言われ、現在、『勤務日誌』は、「昭和一四年　七月七日～一二月三一日」「昭和一七年　一月一日～一二月二八日」「昭和一九年　一一月一日～一二月三一日」の三冊が国立公文書館に保管されている。アメリカ公文書館のマイクロフィルムにもあと数点しかなく、現存する数少ない『勤務日誌』のうちの一冊が、奇跡的に東南海地震の発生日と重なっており、私たちは新聞検閲の実態を知ることができる。

出版物の規制自体は、明治時代から存在していた。新聞については、新聞紙条例（一八七五年〈明治八〉）の規制をさらに強化する形で、新聞紙法（一九〇九年〈明治四二〉）が成立した。第二三条に「内務大臣ハ新聞紙掲載ノ事項ニシテ安寧秩序ヲ紊シ又ハ風俗ヲ害スルモノト認ムルトキハ其ノ発売及頒布ヲ禁止シ必要ノ場合ニ於テハ之ヲ差押フルコトヲ得」とあり、内務大臣の専権事項として新聞の発売頒布を禁止することができるようになった。

この規定に基づいて設けられたのが内務省検閲課である。「検閲基準」や掲載を禁止する差止事項を公表し、これを違反する記事を掲載した新聞に対して発売禁止などの行政処分や、責任者の刑事訴追をも行った。新聞紙法二三条自体は、事前検閲を定めたものではないが、新聞社側は、発売禁止を避けるために、問題になりそうな記事があると事前に検閲課に原稿やゲラを提出したり、電話で照会したりした。また検閲課に事前了解を得ても発売禁止にならない保証はなく、新聞社側は自主規制にも力を入れた。

東南海地震当日（一二月七日）の『勤務日誌』を原文の状態で以下に掲載する。

（一）全国主要日刊社・主要通信社電話通達

十二月七日午後発生セル震災ニ関スル記事ハ時局柄左記事項ニ御留意ノ上記事編輯相成度

記

一　災害状況ハ誇大刺戟的ニ亘ラザルコト

二　軍ノ施設、軍需工場、鉄道、港湾、通信、船舶ノ被害等戦力低下ヲ推知セシムルガ如キ事項ヲ掲載セザルコト

三　被害程度ハ當局発表若ハ記事資料ヲ扱フコト

四　災害現場写真ハ掲載セザルコト

(二)　東京都及東海、近畿各府県主要日刊社電話通達

本日電話ヲ以テ申入レ置キタル　震災ニ干スル記事取扱注意事項ニ左記ヲ追加シタルニ付御了知相成度

記

一　軍隊出動ノ記事ハ掲載セザルコト

二　名古屋、静岡等重要都市ガ被害ノ中心地或ハ被害甚大ナルガ如キ取扱ヲ為サザルコト

(三)　東京六社電話通達

本日ノ震災ニ干スル記事写真ハ凡テ事前検閲ヲ受ケタル上御取扱相成度

これを見ると、まず全国主要日刊社・主要通信社に、電話通達を行った。①災害状況は誇大刺激的にしない、②軍の施設・軍需工場・鉄道・港湾・通信・船舶の被害など、戦力低下を推測させるものを掲載しない、③被害程度は当局発表・記事資料を扱う、④災害現場の写真は掲載しない、という四点について釘を刺している。

その後、被害状況の大きさが判明するにつれて、東京都、東海・近畿各府県の主要日刊社に対して追加の電話通達を行い、①軍隊出動の記事は掲載しない、②名古屋・静岡など重要都市が被害の中心地域である、もしくは被害甚大であるなどの記事にしない、ことを強調した。さらに、東京六社に対して重ねての電話通達を行い、本

日の震災に関する記事写真はすべて事前検閲を受けることを念押しした。
このような通達は地震翌日についても行われた。東南海地震翌日（一二月八日）の『勤務日誌』を以下に示す。

各庁府県電話通牒

中部近畿地方震災ニ関スル記事取締要領

一、取締方針ニ付テハ昨日連絡セル注意事項ニ依ルコト
一、事前検閲ヲ励行スルコト
一、被害程度ノ数字ニ関スル発表ハ依然トシテ留保スルコト
一、被害状況ノ報道ハ単ニ被害ノ事実ノソノ報道ニ止ムコトナク復旧又ハ救護等ノ活動状況ヲ主トシ併セテ被害ノ事実ヲ報道セシムル様指導スルコト
一、記事取扱注意事項第二項ニ示セル各種施設ノ被害ニ付テハ引続キ一切掲載セシメザルコト
一、ラジオ放送ニ付テハ近ク中央気象台発表（簡単ナルモノ）程度ノモノヲ放送スル筈ナルヲ以テ右放送以後地方放送ニ於テ被害対策本部ノ設置等簡単ナル事項ノ放送ヲ為スモ差支ナシ
一、新聞報道ニ付テハ目下ノトコロ制限緩和ノ見込ナキヲ以テ災害地府県ニ於テ人心安定上必要アリト認ムルトキハ本要領ノ趣旨ニ則リ特報掲示ニ依ル報道差支ナシ　但シ被害程度ニ付テハ市町村ヲ単位トスル局地的ノモノニ止ムルコト

東京六社、関係府県主要日刊紙電話非公式指導

厚生大臣ノ震災地慰問ニ関スル記事ハ一切之ヲ新聞紙ニ掲載セザル様記事編集上御注意相成度

これを見ると、①取り締まり方針（取り「扱い」方針と表記されていないことから、事態の重大さを推察できる）は昨日

の注意事項による、②事前検閲を励行する、③被害程度の数字に関する発表は留保する、④被害の状況だけではなく復旧・救護活動とあわせて報道する、⑤各種施設の被害は一切掲載しない、⑥ラジオ放送について、近く行われる中央気象台の発表後ならば、被害対策本部の設置など簡単な事項の放送をしてもよい、⑦新聞報道について、制限緩和の見込みはないが、人心安定上必要ありと認められる時は報道してよいが、その時も被害程度は市町村単位など局地的にすること、と細かな制約をつけられていることがわかる。

またその後、東京六社、関係府県主要日刊紙に対して、非公式の電話指導を行い、厚生大臣が震災地慰問を行ったことは一切記事にしないことを念押しした。大臣が、東京近郊ではない被災地にわざわざ向かったことが、被害の大きさを間接的に報道することにつながることを恐れたためだと思われる。特に「戦力低下」が国民・軍人・諸外国に広く周知されることを恐れて、このような度重なる電話通達・指導が行われたことが推察される。

また国立公文書館には、具体的にどのような処分を行ったのかという『新聞紙処分日誌』も保管されており、確認できるものとしては東南海地震関係で四件が該当している。厳重注意処分は二件で、一二月九日の毎日新聞「崩壊地区前の五メートルで急停車」と同日の毎日新聞都下版「疎開学童の死傷」である。注意処分も二件で、一二月九日毎日新聞三重版「関係団体を集め復旧対策」と、一二月一八日大阪新聞「紀勢西線全通」の記事である。鉄道に関する被害に触れていることや、被害が大きいことを推察させる内容を含んでいたためだと考えられている（泊　二〇〇四）。

山根康治郎は、朝日新聞・中日新聞に在籍し、当時は広島県の江田島《えたじま》の海軍兵学校の主計部に所属していた。指揮官として練習生六十数名を連れて、神奈川県の横須賀の砲術学校へ出張することになった。列車に乗り、静岡県の磐田にさしかかったその時、東南海地震に遭遇した。被災地はひどい状態で、がっちりした家の柱がグニャっと曲がって倒れ、かやぶきの屋根は落ちて火が出ていた。列車は不通のため、陸軍のトラックに乗り、線路沿いを歩いて米軍の艦載機から銃撃を受けながらも、大井川まで到着し再び列車に乗って横須賀まで練習生を届けた。その後、地震の様子を伝えるために軍服のまま中日新聞の東京総局と朝日新聞に行って惨状を記事にするように伝えたが、翌日にはその情報は一行も載ることはなかった（山根・大久保　二〇〇八、筆者の山根へのインタビューにより一部追補）。

海外の報道

このように取材・報道ともに不自由な状態の中で、被害の様子は国内では伝えられることはなかった。しかしいくら日本の軍部が隠そうとしても、この地震はマグニチュード七・九と大きかったために、アメリカ本土をはじめ世界中で観測された。翌日八日のニューヨークタイムズでは第一面・第三面で取りあげ、「中部日本を襲った大震災　地球が六時間にわたって揺れ、世界中の地震観測所は『壊滅的』とさえ言い放った」というタイトルとともに報道され、また翌九日には地図入りでの詳しい分析が掲載された。ただし軍需工場が被害を受けたという内容は正しいものの、被害を受けたのは愛知ではなく東京として、津波が二〇メートルに達して関東大震災を超える被害が出たはずという、事実とは違った報道もされており、震源近くの日本の地震観測データなしには、当時はそれほど正確に震源などの位置を決めることができなかったこともうかがえる。

以下、八日のニューヨークタイムズの日本語訳である（安藤　二〇〇七）。軍部が「隠そうとしていた」地震災害が、いかに諸外国には科学的なデータをもとにつつぬけになっていたかがわかる。

中部日本を襲った大震災

地球が六時間にわたって揺れ、世界中の地震観測所は「破壊的」とさえ言い放った。

アソシエイテッド・プレスは、観測者に「壊滅的」とさえ表現された猛烈な地震が、真珠湾攻撃から三周年を迎えた昨日、日本周辺を襲ったと報じた。

［東京のラジオ局では、金曜日早朝の放送で、昨木曜日に中部日本で地震による揺れが起き、「限られた地域で、小規模の地滑りと家屋の崩壊を引き起こした」と放送した。同盟通信による情報では、中央気象台の発表によると、「震源は遠州灘のどこかである」との内容が加わっている。］

世界中にある地震観測所では、恐ろしいほどの強さで延々と続いたこの地震を記録していた。その激しい揺れは英国、スイス、ドイツ、インドおよび、アメリカの科学者たちによっても報告された。

各気象台は、「極度に激しい揺れ」だったと話した。イギリス、ウエストブロムウィッチの地震学者、J・J・ショー氏は「『地球全体』が地震後、六時間近く振動した」と解説した。

ショー氏は、その激しい揺れは、グリニッジ時間の午前四時四八分（東部標準時間の午前〇時四八分）に記録されたと語り、風の震動が震源地の追跡調査をわかりにくくしたが、それはアリューシャン列島、千島列島および日本に集中していたようだ、と述べた。

ロイターの特電は、ボンベイ（インド）の観測所が、地震の震央は、東京、横浜、および大きな海軍基地を有する神戸や大阪がある、日本列島最大の「本州」であると判断したと伝えた。

この特電を聞いたショー氏は、「もし、これがそうであるなら、日本は一九二三年の関東大震災（九万九三三一人が死亡）よりも大きな災害を被っている。私の計器で観測した振動は、一九二三年にはそれほど大きくなかった」と述べた。

彼はさらに付け加えて、震源は日本の東岸から約一〇〇マイル（約一六〇キロ）の日本海溝の可能性があるといい、「その場合、激しい地面の揺れと津波があったであろう」と述べた。日本列島が上にある、この日本海溝は、深さが二万六〇〇〇フィート（約七九〇〇メートル）あり、このため日本は、地球上で最も不安定な地域となっているのである。

ニューヨークでは、フォードハム大学の地震学者ジョセフ・J・リンチ氏が、二つの非常に激しい地震が、東部標準時間の午前〇時四九分と〇時五三分に記録されたと述べた。彼は、それらが約七五〇〇マイル（約一万二〇〇〇キロメートル）の彼方、大局的には日本の方角で、おそらくは日本の南部地方で発生したと予測した。

同様の記録は、マサチューセッツ州ウエストンにあるウエストン大学とワシントンD・C・のジョージタウン大学、およびカリフォルニア州パサデナにあるカリフォルニア工科大学でも見られた。

これらの科学者たちは、今回の地震は「過去四〇年間で最大の地震のひとつ」であると述べている。

第二章　どのように報道されたのか

一九四四年の東南海地震、四五年の三河地震は、第二次世界大戦の敗戦濃厚となった時期に発生した。二つの地震をあわせた被害規模は、死者・行方不明者が約三五〇〇人、住家・非住家全壊が約五万棟にのぼったが、特に名古屋重工業地帯の被害は甚大で、軍用機をはじめとする軍需生産力にも大きく影響したと言われている。

このため、地震に関する調査資料は極秘とされ、戦時報道管制の下、被害に関する報道も厳しく統制された。本章では、この時代の日本における言論統制・報道管制を概観するとともに、そのような状況の中でできうる限りの震災報道を試みた被災地の新聞社「中部日本新聞」（現中日新聞）の報道を具体的に追っていきたい。

一　報道管制

戦時下の報道管制

報道管制は、昭和一〇年代に入り、国内の風潮が急速にファッショ化するに従い、厳しくなっていった。報道管制にまつわる国の動きについて時系列にまとめた（表1）。

一九三六年（昭和一一）六月、政府は当時の二大通信社、日本電報通信社（通信部門のみ）と新聞聯合社を合併させて「同盟通信社」を設立して国論を統一するとともに、内閣に「情報委員会」を設置して公安維持のために情報の一元化を図った。翌年、日中戦争が勃発すると国内は戦時体制に入り、政府は「軍機保護法」を改正公布し

表1　言論統制・報道管制の概観

年　　月		出来事（網かけは特徴的な出来事）
1936（昭和11）・	2	二・二六事件
	6	同盟通信社設立，内閣に情報委員会設置
1937（昭和12）・	7	日中戦争勃発
	8	軍機保護法改正公布
	9	内閣情報委員会を内閣情報部に改組拡充
1938（昭和13）・	4	国家総動員法公布
1939（昭和14）・	3	軍用資源秘密保護法公布
	5	ノモンハン事件
1940（昭和15）・	9	日独伊三国軍事同盟締結
	10	大政翼賛会発足
	12	内閣情報部が情報局を新設
1941（昭和16）・	1	新聞紙等掲載制限令公布
	3	治安維持法改正
	3	国防保安法公布
	12	真珠湾攻撃
	12	言論出版集会結社等臨時取締法公布
	12	新聞事業令公布
1942（昭和17）・	2	戦時刑事特別法公布
1943（昭和18）・	2	出版事業令公布

て、陸海軍大臣の裁量によって、軍事上の秘密保護のために必要がある地域の測量、撮影、記録等や、指定区域における航空、気象観測、立ち入りを禁止・制限した。また、内閣情報委員会を「内閣情報部」に改組拡充して、スタッフと権限を強化した。

三八年、政府は「国家総動員法」を施行し、新聞・その他出版物の掲載を制限・禁止したり、発売頒布自体を禁止することも可能にした。三九年、「軍用資源秘密保護法」を公布し、軍用に供する人的・物的資源に関する事項について、軍需工場・運輸関係の統計書や気象情報に至るまで秘密事項として指定した。四〇年には、内閣情報部が、外務省・陸軍省・海軍省・内務省の各情報部局を統合して「情報局」を新設し、国家的報道・宣伝の一元的統制、情報および啓発宣伝の統一・迅速化を図った。

四一年には、治安維持法改正、国防保安法・言論出版集会結社等臨時取締法・新聞紙等掲載制限令・新聞事業令などが次々と公布された。治安維持法改正では、違反者再犯防止を目的とする予防拘禁が可能となり、別名スパイ防止法とも呼ばれる国防保安法によって国家機密漏洩が一層厳しく処罰された。新聞紙等掲載制限令は、軍事上の秘密を掲載することを禁じた。

そして同年一二月八日、陸軍のマレー作戦、海軍航空隊の真珠湾攻撃が行われ、アジア・太平洋戦争がはじまる。開戦直後の臨時議会で制定した「言論、出版、集会、結社等臨時取締法」は、言論も結社も集会もすべて許可制にし、新聞紙法による出版物の発行も許可事項とした。また、出版物の発売・頒布を禁止した場合は、同一人または同一社発行の他の出版物も発行停止ができるという規定も作成した。さらに国家総動員法の規定に基づき「新聞事業令」が制定され、「一県一紙」に新聞社を強制的に整理・統合することで、効果的な言論統制を目指していった。

その後も、四二年には「戦時刑事特別法」により、「宣伝」行為も七年以下の懲役・禁錮とされ、四三年には「出版事業令」により、出版事業主に対して事業の譲渡または譲受・会社の合併・事業の廃止または休止を命じることができるようになった。このようにして、新聞社等に対する言論統制・報道管制を完成させていったのである。

地震報道の頻度

東海三県（愛知県・岐阜県・三重県）や静岡県・長野県・滋賀県などの地域以外では馴染みがないかもしれないが、「中日新聞」は複数の地域にまたがるブロック紙であり、新聞の世帯普及率（シェア）は、愛知県で六四％、岐阜県で五八％。三重県で四九％などとシェアトップである（FACTA ONLINE　二〇〇七）。また中日新聞東京本社は「東京新聞」、中日新聞北陸本社は「北陸中日新聞」、中日新聞福井支社は「日刊県民福井」を発行しており、新聞総発行部数は四〇〇万部超（二〇一四年一月現在の中日新聞社ホームページ）で、発行部数では読売新聞・朝日新聞に次ぎ、毎日新聞や日本経済新聞とほぼ並んでいる。

本章で取りあげる新聞は、朝日新聞（東京本社版）、読売報知新聞（東京本社版）、中部日本新聞の三紙である。朝日新聞・読売報知新聞は発行部数が最も多く、世論形成の中心的存在であり、中部日本新聞は被災地である東海地域における最大手新聞であった。なお、この時期は資源欠乏などにより、各紙とも夕刊休止・朝刊のみ半ペラ二面という発刊状況に追い込まれていた。

分析対象とした期間は、東南海地震の発生翌日である一九四四年一二月八日から、三河地震の発生後二ヵ月ほどが経過して震災関連記事がほとんど掲載されなくなる四五年三月末までとした。三紙とも、横浜市にある日本新聞博物館の新聞ライブラリーに保存されている紙面を分析対象とした。朝日新聞・読売報知新聞はＣＤ―ＲＯＭとマイクロフィルム、中部日本新聞はマイクロフィルムで保存されていた。

それぞれの新聞が、どのくらいの頻度で東南海地震・三河地震に関する報道を行ったのかについて、表2にまとめた。表の数字は、一二月八日以降、各新聞に東南海地震・三河地震に関する記事が何件あったのかを表したものである。たとえば、一二月九日の朝日・読売・中日の各欄には、二・一・七と記入されているが、これは、一二月九日に東南海地震に関する記事が、朝日新聞は二件、読売報知新聞は一件、中部日本新聞は七件掲載されていたことを意味している。なお、数字が記入されていない欄は、「東南海地震・三河地震に関する記事が見当たらなかった」ことを表している。

表を見ると、東南海地震・三河地震に関する報道の頻度が各紙によって大きく異なることがわかる。一九四五年三月末までに報道された総記事数を見ると、朝日新聞が二二件、読売報知新聞が一二件であるのに対し、中部日本新聞は九九件が掲載されていた。特に二つの地震について、それぞれ地震発生から最初の五日間までの総記事数を見ると、朝日新聞が九件（東南海地震五件・三河地震四件〈以下同じ〉）、読売報知新聞が五件（三件・二件）であるのに対して、中部日本新聞は三〇件（一一件・一九件）と三倍以上の記事を掲載していた。さらに、地震発生六

表2　東南海地震・三河地震の新聞記事数

東南海地震（1944年12月7日）						
月	日		朝日	読売	中日	
12	7	木	東南海地震発生（13時35分）			
	8	金	1	1	1	
	9	土	2	1	7	
	10	日	2	1	3	
	11	月				5日目
	12	火			4	
	13	水	1		5	
	14	木	2		2	
	15	金		1	1	
	16	土	1	1	5	10日目
	17	日			1	
	18	月				
	19	火			1	
	20	水				
	21	木		1		15日目
	22	金			1	
	23	土			1	
	24	日			1	
	25	月			1	
	26	火				20日目
	27	水			1	
	28	木				
	29	金	2		2	
	30	土			3	
	31	日			1	25日目
1	1	月		1		
	2	火				
	3	水		1		
	4	木				
	5	金				30日目
	6	土				
	7	日				
	8	月			1	
	9	火			1	
	10	水				
	11	木				
	12	金		1		
合計(記事数)			11	9	43	

三河地震（1945年1月13日）						
月	日		朝日	読売	中日	
1	13	土	三河地震発生（3時38分）			
	14	日	1	1	5	
	15	月	1	1	5	
	16	火			8	
	17	水	2		1	5日目
	18	木			4	
	19	金			2	
	20	土			5	
	21	日			4	
	22	月			5	10日目
	23	火			3	
	24	水				
	25	木			1	
	26	金	1		2	
	27	土				15日目
	28	日			2	
	29	月			1	
	30	火				
	31	水				
2	1	木				20日目
	2	金				
	3	土				
	4	日				
	5	月				
	6	火	1		1	25日目
	7	水	1		1	
	8	木			1	
	9	金				
	10	土	1		1	
	11	日			1	30日目
～3月31日			3/13	3/3	2/15	
			3/19		2/23	
			3/28		3/3	
合計(記事数)			11	3	56	

2月12日～3月31日は、記事掲載日付を記入（すべて1件）

日目～一〇日目を見ると、朝日新聞が四件（四件・記事なし）、読売報知新聞が二件（二件・記事なし）と三河地震についてては報道されていないのに対し、中部日本新聞は三七件（一七件・二〇件）と頻繁に報道されていたことがわかった。掲載記事の多さから、被災地にとって二つの地震災害は無視できるような規模ではなく、地元紙は報道管制下という制約の中においても、できる限り多くの地震に関する報道を行ったことが推察できる。

全国紙ではどのように報道されたのか

各新聞が具体的にどのような報道をしたのか概観していく。まず、朝日新聞（一九件）・読売報知新聞（一一件）について報道内容をまとめたものが表3・4である。表は、それぞれの記事について、記事の掲載日、ＩＤ（該当記事の通し番号）、面（掲載面）、量（記事の大きさ）、見出し（記事内容）（筆者による記事内容の補注については丸括弧（　）を示したものである。また、新聞の紙面構成を大きく変えるような出来事についても、表中に四角（■）で囲って明記した。

それぞれの表から当時の新聞の震災報道の特徴を考察すると、以下の三点があげられる。

①震災報道は基本的に最終面（全二面中二面）に掲載された。

②記事の大きさはベタ記事（新聞紙面の下方にある一段見出しの記事）が主流であり、四分の一ページ以上の記事にはほとんどならなかった。

③数値で表されるような詳細な被害情報は報道されずに、「被害微小」というあいまいかつ事実に反した報道がなされた。

この三点についてては、政府の情報局によって震災報道が強く規制された結果であると考えることができる。たとえば三重県の地元新聞社で写真課長を務めていた太田金典（当時二七歳）は、地震当日に東南海地震の被災写真

表3　朝日新聞の東南海地震・三河地震報道

日　付	ID	面	量	見出し（記事内容）
12/7				■■東南海地震発生■■
12/8				■大詔奉戴日（開戦記念日）全４面で特集■
	1	3*	D	昨日の地震震源域は遠州灘／徹夜復旧作業疎開学童は無事浜松／焼夷弾とも戦う静岡／東海／大阪／長野
12/9	2	1	E	内相，震災状況奏上
	3	2	E	日頃の訓練発揮震災地現場踏査
12/10	4	2	D	震災にめげず元気な疎開学童無事に移転しました
	5	2	E	被災地へ本社見舞金３万円　５日目
12/13	6	2	E	東海地方の地震
				■13日，名古屋に初めてＢ-29来襲■
12/14	7	2	C	中部地区に敵機を邀撃／醜翼から黒煙／震災で鍛えた闘魂で敢闘
	8	2	E	隣組に凱歌遠州地方の敢闘
12/16	9	1	E	翼政に震災委員会　10日目
12/29	10	1	E	租税を減免／震災被災者に
	11	1	E	震災に適用／国債証券臨時措置法の救済規定　25日目
1/13				■■三河地震発生■■
1/14	12	2	D	東海地方に地震／被害，最小限度に防止
1/15	13	2	E	愛知，三重にまた地震
1/17	14	2	E	警戒を要する／他の“誘導地震”
	15	2	E	震災地へ青山学院から義捐金　５日目
1/26	16	2	E	東海地方震災対策費　15日目
2/6	17	2	D	震災，火事の場合も特例／許可を待たず臨時給与を支給　25日目
2/7	18	2	E	第2次震災にも救済
2/10	19	2	E	新証券交付／1月13日の震災にも適用　30日目

面＊は全４面，その他は全２面

量Ａ：半ページ以上，Ｂ：１/４ページ以上，Ｃ：１/４ページ未満，Ｄ：２段程度，Ｅ：１段の小さい記事

表4　読売報知新聞の東南海地震・三河地震報道

日　付	ID	面	量	見出し（記事内容）
12/7				■■東南海地震発生■■
12/8				■大詔奉戴日（開戦記念日）全４面で特集■
	1	3*	D	各地に強震震源地は遠州灘／中央気象台12月7日15時50分発表／名古屋／大阪／京都／浜松／清水
12/9	2	2	E	疎開学童に異状なし
12/10	3	1	E	震災地へ見舞金贈呈／金3万円也／読売新聞社社告　5日目
				■13日，名古屋に初めてＢ29来襲■
12/15	4	1	E	震災対策協議／各庁連絡第1回会議
12/16	5	1	E	震災対策委員会設置　10日目
12/21	6	2	E	警察官の2階級特進　15日目
1/3	7	2	D	戦時建築で復旧／東海地方の災害工場　30日目
1/12	8	2	E	きのうの地震
1/13				■■三河地震発生■■
1/14	9	2	D	中部地方に地震／重要施設の被害僅少名古屋電話
1/15	10	2	C	死をもって疎開学童護る／中京の震禍に咲く訓導と寮母／名古屋電話　5日目
3/3	11	2	E	在日独逸人に感謝状

面＊は全４面，その他は全２面
量Ａ：半ページ以上，Ｂ：１/４ページ以上，Ｃ：１/４ページ未満，Ｄ：２段程度，Ｅ：１段の小さい記事

を撮影して会社に持ち帰っても、上司に「使えない。地震の事実は載せる。だが、詳細な被害状況や写真を載せるわけにはいかん」と言われ、軍部・憲兵隊筋からの強い指示があったことを即座に察した。この頃は特高警察の検閲なしには輪転機を回せなかったと述べている（中日新聞社会部　一九八三）。政府は、地震を大々的に扱わせず、被害情報の詳細を報道させないことで被害を小さく見せ、国民の戦意喪失を回避し、敵国への情報漏洩を防ぐ意図があったことが推察される。なお太田が撮影した津市、そして翌日休みを取って個人的に撮影した尾鷲町の被災写真は、検閲などを逃れて太田によってネガごと保存され、現在では他に代えることのできない貴重な資料として三重県をはじめ災害・防災資料として活用されている（図18）。

　また、二紙の記事内容の違いを見ると、全国紙の朝日新聞・読売報知新聞にとって、東南海地震・三河地震は記事として相対的に掲載の優先順位が低かったことも考えられる。東京は一九四四年一一月一

図18　太田金典が撮影した被災写真
左：三重県津市内（岩田橋），右：三重県北牟婁郡尾鷲町内

四日以降、合計一〇六回にわたる空襲を受けることになり、この時期は全国的に空襲が激しい時期であった。その中で、空襲に比べて頻度が少なく被害程度も不明な点が多かった東南海地震・三河地震という二つの地震災害が、全国紙レベルの追跡取材対象から外れてしまったことも考えられる。三河地震を例にすると、朝日新聞は震災翌日の「被害僅少」という記事、読売報知新聞は電話取材をもとにした二件の記事（一四日・一五日）で報道を終了させている。また朝日・読売報知各社とも記事の半分程度が、政府動向や東京からの義援金報道である。被災地が東京でなかったということも、報道回数を少なくさせ内容が質素になり、結果的に歴史から葬りさられてしまった一つの原因にもなっていることが考えられる。

地元紙ではどのように報道されたのか

中部日本新聞の東南海地震・三河地震についての報道内容をまとめたのが表5・6である。同紙が掲載した東南海地震・三河地震関連記事九九件について、表3・4同様にまとめた。

表から中部日本新聞の震災報道の特徴を考察すると、以下の六点があげられる。

①震災報道は基本的に最終面（全二面中二面）に掲載された。
②記事の大きさはベタ記事（新聞紙面の下方にある一段見出しの記事）が主流であ

	27	2	E	日用品も特配（空襲及び震災被災者（半壊以上））	
	28	2	E	震災義捐金（名古屋市海産物商・野村さん）	10日目
12/17	29	2	D	地震罹災者へ貯金非常払出／軍人遺族震禍罹災者に万全	
12/19	30	2	D	家は震災に，子は空襲に／総て失へど村あり／黙々，陣頭指揮の尊重	15日目
12/22	31	2	D	罹災転業者未評価者に貸金／被害農家の供出米包装緩和／罹災者へ炭団のお見舞	
12/23	32	2	C	半壊，全壊家屋を買上げ／防空用資材に活用／市が八割を負担して払下げる	
12/24	33	2	E	島根県から震災の見舞／震災罹災者にお酒特配／罹災者に生活用品の購入	
12/25	34	2	D	災害，敵機何者ぞ／トヨタ自動車／出勤率は逆に急昇	20日目
12/27	35	1	E	震害対策連絡協議会（震害復興状況の具体策を説明・懇談）	
12/29	36	1	C	震災地の租税減免／所得三千円以下は全面	
	37	1	D	滅失債券の再交付決定	
12/30	38	2	D	震災空襲罹災者の国民貯蓄免除	
	39	2	E	震災罹災者に税金減免	
	40	2	E	殉職工員等の合同社葬	
12/31	41	2	E	震災見舞金五十五万円	25日目
1/4				■3日名古屋に大空爆，戦果と戦災罹災者対応の記事がメインに■	30日目
1/8	42	2	C	活かせ震禍復興の模範／工場・農家に重点／一般民家は隣保協力／西尾署	
1/9	43	2	C	全国から震戦災復興挺身隊（15日までに愛知・静岡・三重で復興作業にあたる）	
				（三河地震報道に続く）	

面＊は全４面，その他は全２面
量Ａ：半ページ以上，Ｂ：１/４ページ以上，Ｃ：１/４ページ未満，Ｄ：２段程度，Ｅ：１段の小さい記事

り、四分の一ページ以上の記事にはほとんどならなかった。

③数値で表されるような詳細な被害情報は報道されずに、「被害微小」というあいまいかつ事実に反した報道がなされた。

④国威高揚を図るため、被災者への叱咤・激励や被災者の美談が多く報道された。

⑤「被災者への生活支援情報」については詳細な報道がされた。

⑥「余震についての報道」や「地震や震災についての正しい理解を促すための啓蒙的報道」なども、報道管制に触れない限りなるべく震災の報道がなされた。

このうち①〜③については朝日新聞・読売報知新聞と同じであった。地元紙とはいえ、震災を一面で大々的に取り扱うことは、戦時報道管制下ではできなかった。また④については、朝日新聞や読売報知新聞では「中部地区に敵機を邀撃／醜翼から黒煙／震災で鍛え

表5　中部日本新聞の東南海地震報道

日付	ID	面	量	見出し（記事内容）
12/7				■■東南海地震発生■■
12/8				■大詔奉戴日（開戦記念日）全4面で特集■
	1	3*	D	天災に怯まず復旧／震源地点は遠州灘／静岡県下（の被害）／三重県下（の被害）／岐阜県下（の被害）／疎開学童の安否を調査
12/9	2	2	C	家はなくとも身体あり／この意気が勝利の力／栗原海軍報道部長罹災民を激励／岡本愛知県警備課長談
	3	2	C	震災は天の試練／隣人愛に明るき復旧／（愛知県下の被害）／三重県下（の被害）／静岡県下（の被害）
	4	2	C	自宅倒壊にも帰らず／生産死守，職場の挺身
	5	2	E	震災対策委員会を設置
	6	2	E	庶民金庫貸出
	7	2	E	建物復旧に技術的指導
	8	2	D	訓戒の鞭を神は下せり（読者投稿）
12/10	9	1	C	震災地に非常金融／租税減免罹災者救済費も支出／被害に応じて保険金支払い松隈大蔵次官談
	10	2	B	震災の教訓を防空に活かせ／誤るな情勢判断／空襲は地震の連続だ／消防防火／工場の場合／配給／罹災者に慰問特配／空家優先斡旋／中京の微震
	11	2	C	村民の避難に必死挺身／妻子諸共激浪に／殉職堀江巡査の責任感　　5日目
12/12	12	2	C	学徒よ聞かずや神鷲の声／決戦に震災が何だ／必死，増産に当たれ／諸君こそ生産陣の中堅／岡田監理部長講演／比島戦は（我が国の生死をかけたもの）／翼の増産／精神的に（国家の現状を思え）
	13	2	C	輸送にも特攻魂
	14	2	C	三角巾を常時携行／震災の教訓を活かせ
	15	2	D	震災罹災者の家財輸送／配車申込みを受付／住宅半壊以上罹災者に缶詰／武知内務次官震害地を視察
12/13	16	1	D	地震，空襲何物ぞ／飽まで試練に打克て／首相談（小磯首相）
	17	1	E	震災見舞金5万5千円／本社から贈る
	18	2	C	市内の全壊家屋復旧せず／買上げて防空資材に／半壊以上罹災者に酒の特配／罹災応徴士と家族に見舞金／罹災商工業相談所開設／子どもに絵本
	19	2	E	献金本社寄託
	20	2	E	昨日の地震（名古屋地方に人体に感ずるやや急激な地震）
12/14				■13日，名古屋に初めてB29来襲これ以降は空襲罹災者についての記事がメインに■
	21	2	E	無料臨時救護所を開設（港区港社会館・南区南保健所に14-23日まで）
	22	2	E	愛知県罹災者へ見舞金（愛知県へ寄せられた見舞金は全罹災者を対象とする復旧救済費にふりあてる）
12/15	23	1	E	震害対策連絡協議会（今後損害復旧のため一致協力する）
12/16	24	2	E	空襲罹災者も県税減免（震災罹災者の県税取扱いを空襲罹災者にも適用）
	25	2	E	市民税も免除（名古屋市震災被害者に）
	26	2	E	罹災者に特別衣料切符（空襲などの災害罹災者および緊急の事由ある者）

	79	3*	D	愈々震源地を調査（震害地学術調査団）	
	80	4*	C	こんなに元気です／震禍に勝抜く疎開学童	
	81	4*	C	四百十億へ見よ底力／震災・暴爆何ものぞ／罹災地の貯蓄上昇	
	82	4*	E	筧で簡易水道	10日目
1/23	83	2	B	三河地方震害学術調査報告／震源は三ヶ根山の西／浅発性地震と断定	
	84	2	D	震禍復興に国庫補助／行政協議会長会議岡田参事官談	
	85	2	E	罹災学童に学用品給与	
1/25	86	2	D	一日も早く屋内生活へ（読者投稿）	
1/26	87	2	E	地震調査団が罹災者見舞金	
	88	2	E	震禍復興用の石灰配給	15日目
1/28	89	2	C	災害工場を急速に復興／東海軍需建設団を編成	
	90	2	C	三河地方震災現地家屋調査／筋違や方杖を使用／建物は三角に造れ／地震，爆風に強い設計	
1/29	91	2	C	どうして出ないか愛知県の蔬菜/地震や積雪が祟った/本格端境期はこれか	20日目
2/6	92	1	D	不要許可範囲も拡大／震火災，風水害にも臨時支給	25日目
2/7	93	2	D	震災家屋買上げ打切り（名古屋市／空襲による被害家屋は継続）	
2/8	94	2	E	東京から震禍救恤金	
2/10	95	2	E	家屋除却に疎開事務所（愛知県倒壊家屋除却の軽量を始める）	
2/11	96	2	D	震災被害寮の再疎開地決る	30日目
2/15	97	2	E	佐藤名市長が震害地へお礼	
2/23	98	2	B	中京の蔬菜難と対策／当局者に聞く／四月迄は御辛抱／増産に集荷にこの努力	
3/3	99	2	E	独人の義捐に感謝状	
3/18				■本日より3月31日まで欠刊，マイクロフィルムでは現存せず■	
3/19				■空襲で中部日本新聞本社が被災（中日新聞社社史編纂室編　1996）■	

面＊は全４面，その他は全２面
量Ａ：半ページ以上，Ｂ：１/４ページ以上，Ｃ：１/４ページ未満，Ｄ：２段程度，Ｅ：１段の小さい記事

た闘魂で敢闘（朝日一二月一四日）」「死をもって疎開学童護る／中京の震禍に咲く訓導と寮母／名古屋電話（読売一月一五日）」など数記事であったが、中部日本新聞では震災直後より連日にわたって多く取りあげられていた。

また⑤〜⑥のように、地元紙である中部日本新聞は、被害の詳細については報道することができなかったものの、被災者の復旧を支援するために「被災者への災害対応・生活支援情報」や「余震に関する情報」などについて、詳細な報道をしていたこともわかった。九九件の記事のうち約三分の一が被災者支援に関する情報であり、その意味では、報道管制下においてもできうる範囲で震災報道を行っていたことが考えられる。

表6　中部日本新聞の三河地震報道

日付	ID	面	量	見出し（記事内容）
1/13				■■三河地震発生■■
1/14	44	2	D	どんな天災地変にも慌てて燈火を洩らすな
	45	2	C	再度の震災も何ぞ／試練に固む特攻魂／敵機頭上，逞しき復旧
	46	2	C	決戦に手を抜くな／比島思へば増産一途／吉野知事激励
	47	2	E	罹災家庭へ見舞を贈る（死者に三十円の弔慰金，菓子など）
	48	2	E	疎開学童被害調査（幡豆・碧海両郡へ）
1/15	49	2	C	傾く軒を神風鉢巻／産業戦士も凛然出動／特攻魂で震禍を克服
	50	2	C	三十二里を走破／震禍を挺身伝令／殊勲の二少年工を表彰
	51	2	C	震禍に護る疎開児／教員，寮母四名尊き殉職
	52	2	D	望楼崩るるも揺がぬ監視哨（罹災地内の敢闘譜）／少年警官の華／空の防人魂／予科練の門出
	53	2	E	中京罹災者に食糧特配
1/16	54	2	C	多い時は余震数千回／地鳴りがするのは震源が近い／慌てず火元に用心／地震に就いて／名大宮部教授談
	55	2	C	余震は本震より小さい／藤原中央気象台長の打診
	56	2	C	何は措て生活用品／罹災者に総合購入票を発行
	57	2	C	中京は二十日から日用品販売
	58	2	D	罹災農民には仮設住宅／被災地の学童は再疎開
	59	2	E	震災傷病者治療に万全
	60	2	E	殉職訓導に弔慰金
	61	2	E	殉職訓導校葬
1/17	62	2	E	罹災者に家財斡旋交換の会　5日目
1/18	63	2	C	温い退避小屋に疎開学童は健か／震災地に美しき義侠
	64	2	E	佐藤，馬場両興官震災視察
	65	2	D	震災が阻む野菜の出荷／中京市民よ今暫しのご辛抱
	66	2	E	児童量の建物調査
1/19	67	2	C	地鳴り，発光はつきもの／津波の憂もなし／高橋名気象台長震源踏査
	68	2	E	罹災者にタバコ
1/20	69	2	C	本社が震害地学術調査団を派遣／学理，実相から研究／人心の安定に寄与
	70	2	D	三河地方震災と呼称／民心も安定，愛知県史に記録
	71	2	C	絶対に大地震なし／調査団より現地第一報
	72	2	E	震禍復興に青少年団員奉仕
	73	2	C	罹災者更生を妨げる者（土木組合の労働賃金が不当に高い）
1/21	74	2	C	結婚話もお預け／乙女心は翼一筋／震災，空襲も何ぞ／女子挺身隊敢闘
	75	2	C	掘立小屋急造も恐るべき流言から／学術調査団震害地第二報
	76	2	C	工場欠勤者を一掃／吉野知事から激励状
	77	2	E	新潟県から復興挺身隊
1/22				■第86通常国会再開，小磯首相の所信表明演説全4面で特集■
	78	3*	D	仮住宅の建設に着手

二　報道の軌跡

東南海地震発生翌日の報道

実際の震災報道について、中部日本新聞を中心に見ていく。まず、東南海地震発生の翌日、一九四四年一二月八日の記事を見ると、各紙とも昭和天皇の軍服姿の立像の写真が一面を飾っている。「決戦第四年　一億特攻・米英必殺」「聖上・夙夜の御精励　畏《かしこ》し親しく決戦御統帥」とあり、大詔奉戴日《たいしようほうたい》（開戦記念日）の特集が組まれていたことがわかる。東南海地震の記事を探すと、朝日・読売報知・中部日本とも同じく三面（開戦記念日のためこの日は全四面）の隅に記事が載っているだけであった。

ただし、記事の内容は、中部日本新聞が朝日新聞・読売報知新聞の二倍以上の分量を使って、愛知・静岡・三重・岐阜の各県被害や、名古屋市の復旧作業の様子、疎開学童の安否調査開始についても報道している（図19）。以下、一二月八日付の中部日本新聞・震災関連記事全文を掲載する（旧字・旧仮名遣いなどは新字・新仮名遣いに直した。以下、引用する時は同じ）。見出しは「天災に怯まず復旧　震源地点は遠州灘」とあり以下に内容が続いている。

【中央気象台十二月七日十五時五十分発表】本日午後一時三十六分ごろ遠州灘に震源を有する地震が起って強震を感じて被害が生じた所もある。地震による被害復旧は急速に行われているが愛知県でも特別警備隊や緊急工作隊が地元警防団や特設防護団と協力復旧にあたっており医療救護団また救護に万全の処置を講じ、隣保応援隊もあり一億戦友愛を発揮した頼もしい風景が織りなされている、また罹災者にもそれぞれ十分の給与を行い情勢緊迫に備えまず待避壕、貯水池、貯水槽の修理にとりかかったところもあり敵機来らば来れ――の闘志は満満と満ちあふれている。名古屋市の救助報国団では被害現場調査班を派遣する一方各区長は所轄警察署長と協力して国民学校などを利用し南区内の一部倒壊家屋の罹災者に対する応急救助活動を行ったが水道工作隊〈水道局〉は給水を要するものには撒水車とトラックにより飲料水を給水した。

【静岡県下】震源地に最も近いだけに地震のあおりは清水市を中心に相当であったが、すでに本土戦場を覚悟しているだけに県民の決意は凄まじく、倒壊家屋の整理復旧または失火の消防に敢闘、罹災者の救護は敏

突込め！一億必死の體當り

一歩も退けぬレイテ決戦

凄絶ガ島を凌ぐ

猛攻 斬込み 血の補給

流言万里を走る

決行まで大事な身 荒天に再度出發

出撃か勢揃ひのB29

天災に怯まず復舊

図19　中部日本新聞（1944年12月8日）（中日新聞社）
3面の隅に掲載されている.

速に続けられ、ここにも鍛え抜いた防空訓練の成果が十二分に発揮された、地震につきものの津波は伊豆下田に一部浸水を見た程度、浜松はガス、水道とも異状はない。

【三重県下】一部に被害をみたが、各地とも日頃の応急態勢にものをいわせて隣保愛を十二分に発揮しているが疎開児童はいずれも元気だと刀○（不明）三重県内政部長は語っている。

【岐阜県下】家屋の倒壊若干山崩れ等をみたが、救護は快調に進み、復旧作業は全力をあげ今明日中に完了する。

【疎開児童の安否を調査】岐阜、三重両県下に集団疎開した中京学童の安否につき七日夜八時までに市教育局に報告された処では岐阜県下は異状なく、三重県下は連絡不便のため同夜市吏員三名を調査に急派、県下は調査中。

東南海地震発生から三〜五日目の報道

この時期には、朝日新聞・読売報知新聞が「学童疎開に異状なし」「震災地へ見舞金贈呈」というベタ記事を数本掲載しているのに対し、中部日本新聞は「被災者を叱咤激励する記事」「災害対応の状況と復旧状況」「被災者への生活支援情報」を中心に計一〇件の記事を掲載していた。この中で特筆すべきは、「被災者への生活支援情報」である。支援の内容や対象者、支援を受けるための手続きなどについて詳細に報じられている記事が多く、戦時報道管制下においても、新聞が被災者の生活再建に関する情報提供の役割を担っていたことがうかがえる。

震災翌々日の一二月九日は、二面の半分を震災関連の記事が埋めている。「家はなくとも身体あり、この意気が勝利の力」「震災は天の試練、隣人愛に明るき復旧」「自宅倒壊にも帰らず、生産死守、職場の挺身」といったような国威高揚のもとで被災者を叱咤激励する記事が大きく取りあげられる一方で、被災者支援に関する情報についても詳細に報道されていた。

「名古屋市では八日には罹災者に対する市の見舞金として、死者五十円、重傷者三十円、住家全壊五十円、同半壊三十円、（中略）住宅被害の多い地帯にはそれぞれ臨時貸家相談所を開設し、その他八日特別に入荷したみかんと甘藷を罹災地帯の配給に振り分け九日からは更に魚類も極力配給することになった」（震災は天の試練）、「庶民金庫では罹災者に復旧資金を次のように貸出す　一世帯一千円但し特別の場合は二千円まで（後略：期間・利率・手続き場所など記載）」（庶民金庫貸出）、「名古屋市内の被害建物は八日早朝から警防団はじめ町内会、隣組等の勤労奉仕で整理が開始された。一方市では建築課の技術員をそれぞれ現地に派して被害建物の実地調査を行った上復旧可能建物に必要な技術的指導を開始した」（建物復旧に技術的指導）。

地震後四日目の一二月一〇日には「震災の教訓を防空に活かせ、誤るな情勢判断、空襲は地震の連続だ」という記事を掲載し、「東海地方を襲った震災は天がわれらに与えた防空へのこよなき試練」という論旨で防空対策の必要性とその具体策を報道している。このような勇ましい記事においても、記事の最後には「【空家優先斡旋】愛知県貸家組合連合会の斡旋で家を失った罹災者に優先斡旋することになり、名市内で必要個数の空家を確保、十日朝から港区役所と明治国民学校の二ケ所に『臨時住宅相談所』を特設、住宅の無料斡旋を開始した（後略）」という被災者支援に関する情報もあわせて掲載しているのが特徴的であった。

東南海地震発生から六～一〇日目の報道

この時期には、朝日新聞・読売報知新聞が「震災対策委員会設置」などといった震災に対する国の動きを報道するのみであったのに対し、被災地内の中部日本新聞は、特配（特別配給）・税の減免を中心とした「被災者の生活支援情報」を中心に計一七件の記事を掲載していた。記事の大きさ・内容を見ると、一二日をピークに国威高

市内の全壞家屋復舊せず 買上げて防空資材に

愛知縣政調査會は十二日午前十時から縣廳で開き北村次長から罹災被害状況について説明、吉野知事各關係部長からその復舊對策を次の如く明かにして全縣議の協力を要望、最後に奥村市議の動議で對策所要費は追加豫算をもつて強力に遂行されたいと決議、午後一時閉會した

△名市内の全壞家屋は原則として復舊せず縣市で買上げ防空資材にふりむける

△農村の全壞家屋は強力に復舊を推進し食糧増産に支障なからしめる

△新潟縣から來援する二百名の[illegible]に加へて計五百名の奉仕隊を新たに組織し五班に分け年内に耕鋤だけの蒔付を行ふ

△名市内の全壞家屋居住者のため市内の空家を優先的に斡旋する

△縣から死亡者に三十円の弔慰金を贈る、各市町村もこれに準じて弔慰見舞する

△勤勞奉仕の死亡者には縣内のものには共助會から一名二千円づつ、縣外のものには一千円づつの弔慰金を贈呈、葬式は殉職者に準じて縣葬を行ふ

△復舊資材は総力をあげて集め充當する

半壞以上罹災者に酒の特配

愛知縣では罹災者世帶(半壞以上)の成年男子一人に二合づつの清酒又は合成酒を見舞ひに特配する

罹災應徴士と家族に見舞金

國民動員援護會愛知縣支部では震災で罹災した應徴士と家族に次の通り弔慰見舞金を贈る

△死亡者五十円△重傷者十円△輕傷者五円△家族は三十円以内

罹災商工業相談所開設

愛知縣商工經濟會では十二日から縣内に愛知縣罹災商工業者相談所を開設し毎朝九時から午後四時まで營業の継續、轉換、修理、再建などをはじめ預貯金の払戻し、租税減免等につき官公署など關係各機關への[illegible]斡旋を行ふ

子供に繪本

愛知縣では家屋半壞以上の罹災者で子供のある家庭へ繪本(一円分)を[illegible]問する

図20 中部日本新聞(1944年12月13日)

揚を目的とするような震災報道は減り、生活支援情報などの事実のみを簡潔に伝える一段記事が増えていった。また、一三日には名古屋に初めてB—29が来襲し甚大な被害が出たため、一四日以降は空襲罹災者についての記事がメインになり震災罹災者についての記事は減っていった。

一二日には「震災罹災者の家財輸送」について「名古屋市を対象に家財輸送に特別便宜を与え、派出所か駐在所での配車申込みに応ずる。また運賃は業者が割増金や祝儀類を請求せぬよう支払は申込所で直接支払う」ことを報じ、いわゆる「不当請求業者(ぼったくり業者)」対策も万全であるという安心情報もあわせて被災者に伝えていた。

一三日には「名古屋市内の全壊家屋は原則として復旧させずに県市で買上げ、防空資材にふりわける。全壊居住者のためには市内の空家を優先的に斡旋する」といった被災者の住まい対策について報じ(図20)、一六日には「県税減免や市民税の免除」について報じていた。

以上、東南海地震における地元紙の震災報道をまとめると、震災報道自体を全く行わないのではなく、被災者の住まいや暮らしといった生活支援に関する情報など、報道管制に抵触しない限り積極的に報道していた。新聞は被災者にとって生活再建に向けての大きな情報源であろうとしたし、実際に情報源であったことが考えられる。

三河地震発生翌日の報道

次に、三河地震について各紙がどのように報じたのかを明らかにする。三河地震発生の翌日、一九四五年一月一四日の記事を見ると、朝日新聞と読売報知新聞はともに、東南海地震と同じように二面の片隅にベタ記事が掲載されているのみであった。「東海地方に地震　被害、最小限度に防止」（朝日新聞）、「中部地方に地震　旧臘七日の余震　重要施設の被害僅少」（読売新聞）という見出しで、両方とも「火災発生は中京には一軒もなく、重要施設の被害は殆どなかった、死傷者も極めて少なく、生産陣は全く健在」という内容の報道であった。

しかし、死者二三〇六名を出した直下型地震である三河地震を、地元紙である中部日本新聞は大きく扱った。が、報道管制下にあるため、被害の詳細については報道できなかった。その結果、中部日本新聞は「人心の安定」に焦点を置いた報道が行われた。

見出しは「再度の震災も何ぞ、試練に固む特攻魂。敵機頭上、逞しき復旧」とあり、「中央気象台発表【十三日午前五時】本日午前三時三十八分ごろ中部地方の大部分から関東、近畿、四国地方の一部に亘る広範囲に地震を感じた、震源地は渥美湾で十二月七日の地震の余震である」と発表された。被害については、「十三日早暁一部電灯線が切断する程度の可成の地震が東海地方を襲ったが、旧臘七日の激震に較べると震度は遥かに小さく愛知県下三河部方面で若干全半壊の家屋があり死傷者を出しただけで名古屋を中心とする尾張部と工場その他の重要施設には殆どこれという被害のないのは不幸中の幸いであった」と、被害については事実とは違うことが述べられていた。

さらに「この朝地震発生と同時に県警備隊本部では警備隊員を急遽現地へ派し又県衛生課の救護班は現地の救急班と協力し応急医療救護にあたれば更に軍事、厚生、教学、地方の各課係員も調査班と救護班を組織現地の軍人遺家族一般罹災者その他の救護活動に当った、一方県庁四階地方課に『県震災対策事務局』を開設北村県次長以下が早朝出勤、早くも罹災相談を開始し、また交通機関も非常点検を行った結果異常を認めないので平常通り運転を行った、罹災者は再度の震禍にも拘わらず不安動揺の色は微塵もなく頻襲する敵機に備え必勝防空態勢を堅持していることは心強い限りである」と、被害が軽微な一部地域でありながらも、被害状況および復旧状況を報道した。

また、この日の地震に関する記事は他に四件あり、「どんな天災地変にも慌てて燈火を洩らすな」「決戦に手を抜くな　比島思へば増産一途（この程度の地震が何だ、比島での戦いに較べればたいしたことはないという吉野愛知県知事の声明）」という人心安定・国威高揚に関する記事が二件と、「罹災家庭へ見舞を贈る（吉野知事が死者へ三〇円ずつ弔慰金等を贈った）」「疎開学童被害調査（幡豆・碧海郡の集団疎開学童被害調査を行う）」という災害対応に関する記事が二件報道された。

三河地震発生から三〜五日目の報道

この時期、中部日本新聞は「震禍に立ち向かい乗りきる人びとの美談」「余震についての情報」「被災者への支援情報」を中心に、計一九件の記事を掲載した。

一五日には、「傾く軒を神風鉢巻、産業戦士も凛然出動、特攻魂で震禍を克服」「三十二里を走破、震禍を挺身伝令、殊勲の二少年工を表彰」「震禍に護る疎開児、教員、寮母四名尊き殉職」「望楼崩るるも揺がぬ監視哨」というったように、国威高揚のために震禍に立ち向かい乗りきろうとしている人々の美談が四件掲載されていた。地震被害については、東南海地震では「これくらいの被害が何だ」という叱咤激励の記事が中心であったが、三河地震では「国威高揚のために震禍に立ち向かい乗りきろうと、みな頑張っている」という論調であった。三河地震が、局所的に甚大な人的・物的被害をもたらした内陸型地震であったために、「このくらいの被害」とは言いづらかったのかもしれない。

また、三河地震の震災報道の特徴として、「余震についての情報」が報じられたことがあげられる。一六日には「多い時は余震数千回、地鳴りがするのは震源が近い、慌てず火元に用心、地震に就いて、名大宮部教授談」や、「余震は本震より小さい、藤原中央気象台長の打診」などといった余震についての情報が報道されていた。「余震は文字通り余震であって当初のものより大きいことは記録上あり得ないことになっている」（藤原中央気象台長）、「大きな地震が起るとそれに伴って小さな地震が沢山起る、その余震の数は多い時には数千、（中略）しかし大体に於て主な地震に較べてその強さは遥かに小さいのが普通である」（宮部直巳名古屋帝国大学教授）といったように余震についての専門家の見解が一種の安心情報として報じられていた。

「被災者への支援情報」については、「中京罹災者に食糧特配」（一五日）、「何は措て生活用品、罹災者に総合購入票を発行」「中京は二十日から日用品販売」「罹災農民には仮設住宅、被災地の学童は再疎開」「震災傷病者治療に万全」「殉職訓導に弔慰金」（一六日）、「罹災者に家財斡旋交換の会」（一七日）などと、東南海地震と同じく、多くの生活支援情報が報道されていた。

三河地震発生から六日目以降の報道

この時期以降になると、朝日新聞・読売報知新聞は三河地震に関してほとんど報道していない。一方で、中部日本新聞は、六〜一〇日目（一月一八日以降）に限ってみると計二〇件の記事を掲載している。

この時期で特筆すべきは、中部日本新聞本社が、人心の安定に寄与するために震害地学術調査団を被災地に派遣したことである（二〇日）。調査団は、宮部直巳名古屋帝国大学教授、矢橋徳太郎岐阜農林専門学校（現岐阜大学）講師、野田広吉名古屋地方気象台技手からなる。三人の腕には「震害学術調査団」と書かれた腕章が巻かれていた。一九日朝に中部日本新聞の黒塗りのオープンカーが名古屋を出発し、後部トランクわきの補助シートには護衛係の特高警察官が同乗した。調査途中で「何のために来たか」と憲兵に何度も止められたが、そのたびに同行の特高が対応し、写真撮影もフリーパスだった。「私は軍部に協力的な研究もしていた身。たとえ調査中に空襲に遭って命を落としても、あきらめがつくな」と宮部教授はつぶやいたという（中日新聞社　一九八三）。

この調査の第一報として「絶対に大地震なし（余震が起っても一三日より小規模・局所的だと断言できる）」（二〇日）（図21）、第二報として「掘立小屋急造も『街の地震学者』の恐るべき流言から生まれたもの（直下型地震なので津波は来ない。海水が濁る・発光現象は地震の前触れではない）」（二一日）、第三報として「震源は三ヶ根山の西、浅発性地震と断定」（二三日）を報道した。報道管制下においても、新聞社が主体的に調査団を派遣し、地震の学理・実相面からの解明を行ったことは特筆すべきことだと思われる。

さらに、報道可能ないくつかの調査結果についても、紙面を割いてわかりやすい形で記事にしていた。幡豆郡吉田町が高橋名古屋気象台長に依頼した震源踏査結果については、「地鳴り、発光はつきもの、津波の憂もなし」という見出しで、吉田町の各部落で行った高橋名古屋気象台長の講演要旨を掲載している（一九日）。また、愛知県建築課長軍需監官である玉置技師が行った三河地方震災現地家屋調査については、「筋違や方杖を使用、建物は三角に造れ、地震、爆風に強い設計」という見出しで、「震災と建物」についての談話を掲載している（二八日）（図22）。

このように、報道管制下にあっても、地震や震災そのものを隠すのではなく、正しい理解を促進するための啓発的報道が行われていたことが明らかになった。

本章では、第二次世界大戦末期に発生した東南海地震・三河地震が、戦時報道管制のもとで、具体的にどのように報道されたのかについて、被災地の地元紙である中部日本新聞の報道を中心に見てきた。震災報道は、戦時報道管制下において、特に被害について正確・詳細に報道することができなかった。しかし、震災報道自体を隠

本社が震害地學術調査團を派遣

學理、實相から研究 人心の安定に寄與

宮部教授・矢橋技師・野田技手

（[illegible]）本月十三日[illegible]震源地とする地震は[illegible]地方を中心に若干の罹災者を出し目下罹災のなかから雄々しい復興作業が進められてゐるが、さらに十六日[illegible]付近を震源地とする余震および人体に感ずる程度の地震が連日発生してゐるに鑑み本社ではこれら地震を研究、調査して人心安定に寄與すべく

名古屋帝大理學部教授 理學博士 宮部直巳

岐阜測候所技師 矢橋徳太郎

名古屋地方氣象台技手 野田廣吉

の三氏に依嘱して「震害地學術調査團」を組織、十九日から四日間に亘つて渥美、幡豆地區の震害地付近をつぶさに調査、學理と實相の両面から[illegible]

〔宮部博士〕昭和二年東大理學部物理學科卒、東大助教授[illegible]

〔矢橋技師〕昭和十四年東大理學部地震學科卒[illegible]

〔野田技手〕中央氣象台技術官養成所[illegible]

絶對に大地震なし

調査團より現地第一報

[illegible]

『三河地方震災』と呼稱

民心も安定、愛知縣史に記録

[illegible]

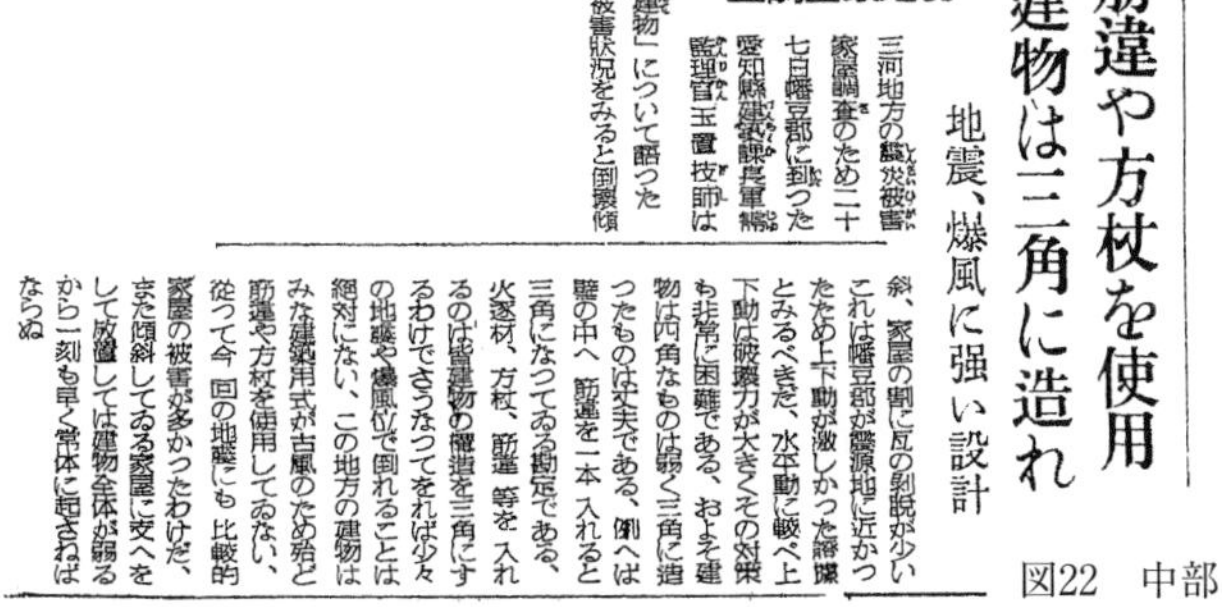

筋違や方杖を使用

建物は三角に造れ

地震、爆風に強い設計

〔三河地方震災 現地家屋調査〕

三河地方の震災《しんさい》被害《ひがい》家屋調査のため二十七日幡豆郡に到《いた》つた愛知縣建築《けんちく》課長軍需《ぐんじゅ》監理官《かんりかん》玉置技師《ぎし》は「震災《しんさい》と建物《たてもの》」について語つた

家屋の被害状況をみると倒壊傾斜、家屋の割に瓦の剥脱が少いこれは幡豆郡が震源地に近かつたため上下動が激しかつた證據とみるべきだ、水平動に較べ上下動は破壊力が大きくその対策も非常に困難である、およそ建物は四角なものは弱く三角に造つたものは丈夫である、例へば壁の中へ筋違を一本入れると三角になつてゐる勘定である、火打材、方杖、筋違等を入れるのは皆建物の構造を三角にするわけでさうなつてをれば少々の地震や爆風位で倒れることは絶対にない、この地方の建物はみな建築用式が古風のため殆ど筋違や方杖を使用してゐない、従つて今回の地震にも比較的家屋の被害が多かつたわけだ、また傾斜してゐる家屋に支へをして放置しては建物全体が弱るから一刻も早く常体に起さねばならぬ

図21 中部日本新聞（1945年1月20日）

図22 中部日本新聞（1945年1月28日）

したり取りやめたりしたわけではなく、被災者の生活再建を支援するための物資配給・住家対策・租税減免などといった「被災者への生活支援情報」については、詳細に報道していたことがわかった。

また、「余震についての報道」や「地震や震災についての正しい理解を促すための啓蒙的報道」なども行われていたことがわかった。特高と話をつけて専門家を被災地に調査派遣し、被災自治体や住民へのインタビューを行うとともに、被災地での正しい知識の啓蒙活動を行うなども企画していた。報道管制という制約の中でも、地元紙にとって、東南海地震・三河地震は報道すべき重大な出来事であり、検閲の目を逃れながらもできうる範囲で震災報道を行っていた事実が明らかになった。

第三章　正確な災害情報を得るには

第三章〜第六章では、東南海地震・三河地震の被災者の体験談を丁寧に追っていきたい。ここでの主眼は二つある。一つ目は、災害が、人間や社会にどのような被害・影響をもたらしたのか、災害によって、人々の心理・行動・生活再建はどのように移りかわっていったのかを知ることである。そして二つ目は、当時の時代背景が、人々の災害に対する意識や対応行動にどのような影響――その多くは弊害であるが――を与えたのかを知ることである。特に二つ目については、一般市民に対して災害情報を「隠す」「過小に伝える」「一側面の事実のみを伝える」ことによって、どのような事態が起こったのか見ていきたい。

一　重要な被害者体験談

「わがこと意識」を醸成する

本書ではその分量の大部分を、被災者体験談の紹介にあてている。なぜ、災害による被害・影響や、災害情報を隠すことへの弊害について論じるために、被災者体験談を用いるのか。これには理由がある。

人々が災害・防災に対して「気づき」を持ち、自分自身や家族の防災力（自助）、地域の防災力（共助）を高めるためには「わがこと意識」を醸成することが必要である。

「わがこと意識」とは、「自分たちに身近なこととして、自分たちに引き付けて考えること」、もしくは「ある事柄について、それが自分たちに直接関係することでなくても、それが自分たちそのもののことのように意識すること」である。この「わがこと意識」を高めるためには、実際に何が起きたのか、何が教訓なのか（現実性）、自分が住む地域で過去に何が起こったのか、起こるのか（地域性）、災害が人間・社会にどのような被害・影響を与えたのか（人間性）を知ることが重要である。もちろん地震・津波発生の原理、被害発生のメカニズム、シミュレーションによる結果を知ることも大切な知識であるが、一方で、それだけではどうしても「絵空事」になってしまい、人々の危機意識を高める、もしくは維持することができない。

しかし、人間や地域社会に焦点を当てた物語であれば、災害という非日常の中で、どのような被害・影響を受け、どのように乗り越えていったのかを具体的に知ることができ、災害・防災に対する「わがこと意識」を高めるとともに「具体的に何をすべきかのイメージ」を持つことができる。

このように人間に焦点を当てた物語の有効性は、災害だけに限らず、たとえば小学校の図書館で「伝記コーナー」が大きく設けられていたり、ＮＨＫ「プロジェクトＸ」において人間が問題・困難にいかにして挑み・乗り越えていくのかという物語が大きな共感を呼ぶことからも、その効果の大きさを知ることができる。被災者体験談を用いることで、人々の心をつかみ、感情移入しやすくなり、また身近なこととして自分たちに引きつけて考える「わがこと意識」を高めることにつながる。被災者体験談は、防災教育における最適な教材にもなる。そこで本書では、災害・防災を身近な問題としてとらえ、「わがこと意識」を高めるために、被災者体験談を用いているのである。

インタビューと絵画で「わがこと意識」に訴える

インタビューは長文になるため、まずは全体の要約を示し、次にその具体的な内容を、災害が起こってからの

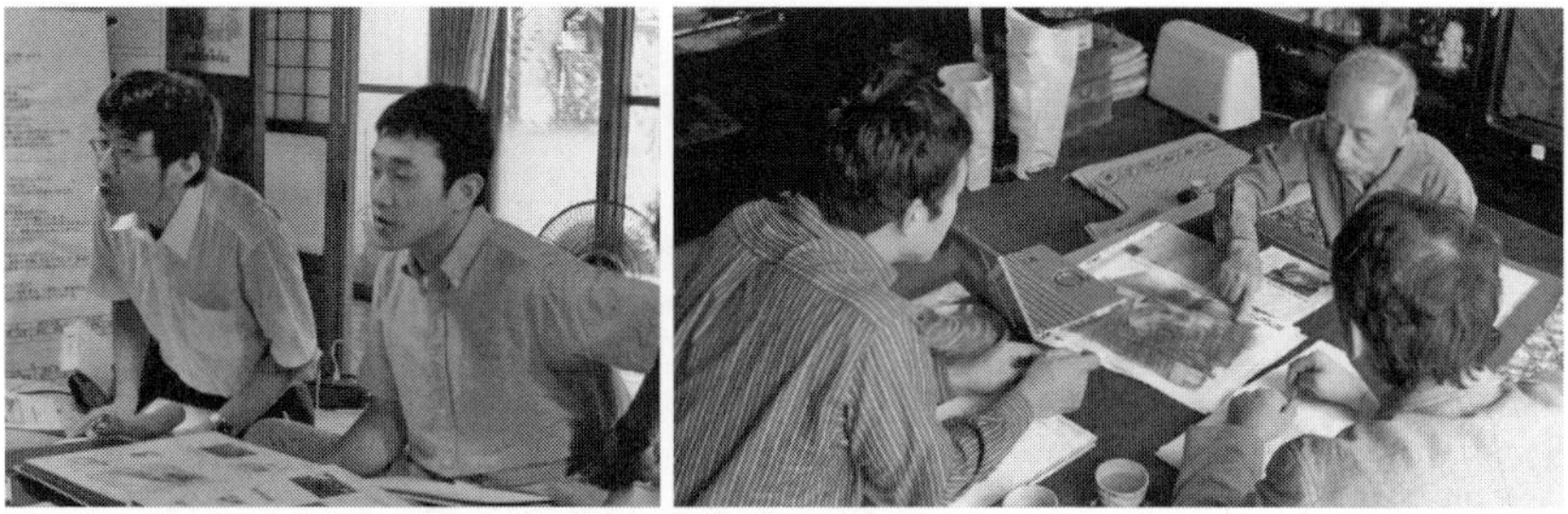

図23　日本画家がインタビューに同行し被災体験を共有する
左：阪野智啓（左），藤田哲也（右）
右：後日，インタビュー対象者に絵画を確認してもらい手直しをしながら完成させる

時間経過に従って、話しを展開させていく。その後、特に災害情報の観点から考察をしていきたい。

インタビューでは、心理学・社会学・社会科学の世界で用いられる「半構造《はんこうぞう》化《か》インタビュー」という手法を用いて行った。これは、予め用意された質問に従いインタビューを進めながら、被災者（インタビュー対象者）の状況や回答に応じてインタビュアーが質問の表現、順序、内容などを臨機応変に変える方法である（保坂他　二〇〇〇）。

質問内容は大きく分けて、地震による人的・物的被害（家族・集落でどのような被害があったか）、災害発生後の意識・行動とその順序（地震が起きてから時間を追ってどのような意識を持ち、意思決定をして、行動したか）、生活再建過程における支援の有無（どのような人・組織に助けられたか）の三点である。

またインタビューには、水彩画による挿絵がついている。これらはインタビューによって得られた「さまざまな被害の様子、災害対応や生活再建の様子、支援の実態」について、二人の日本画家、阪野智啓《ばんのともひろ》、藤田哲也《ふじたてつや》が描いたものである。担当するすべてのインタビューに同行して絵画を作成した。またインタビュー対象者へは、必ず二回以上訪れ、その内容と絵画の確認を行っている（図23）。

絵画には以下の五つの特長がある。一つ目が、災害・防災に関心がなかったり、関心の薄い人にも視覚的に目をひいてもらえること、二つ目が、児童・生徒といった若年層でも理解できること、三つ目が、映像や写真などの記録がほとんど残っていない災害についても具体的なイメージを見せることができること、四つ目が、文字では伝えにくい知見・教訓を絵画によって視覚化でき、特に、写真や映像では不可能なアングルで全体像を俯瞰することができたり、写真や映像では収めにくい「まさにその瞬間」の心理・行動を描けること、五つ目が、一枚の絵を知見・教訓の一単位として他の知見・教訓と比較・検討できることである。絵画は以上のような理由で、人々の「わがこと意識」に訴えかけるには適した素材である（木村・林　二〇〇五）。災害だけでなく、戦争のような「非日常」の「わがこと意識」を高めるために、本書以外でもさまざまな形で「絵」は使われている（たとえば、一九四八年福井地震については、丸岡町震災記念誌編纂委員会編　二〇〇〇、東京大空襲については、すみだ郷土文化資料館監修　二〇〇五、原爆投下については、広島平和記念資料館編　二〇〇七などが好例である）。

二　小学二年生の体験談

一人目は、両親が「津波」を知らず、本人（小学校二年生）も津波のことを知らなかったために、地震発生後に結果的に不適切な対応を行ってしまい、家屋の流出だけではなく人的被害も出してしまったという体験談である。当時は「地震が来たら津波」という考え方が、一般的には広く知られていなかったため、地震後の適切な行動（避難行動など）をとるための判断材料がなかった。また、「地震・津波に関する情報」が報道されなかったため、地震の規模および津波襲来の事実を知ることができず、自分が今行っている行動を、適切な行動に修正する材料を持つことができなかった。

三國憲《みくにけん》は一九三六年（昭和一一）生まれで当時八歳、小学校二年生だった。当時より三重県の賀田《かた》という集落に住んでいる。当時は、南牟婁《みなみむろ》郡南輪内《みなみわうち》村賀田、現在は、尾鷲《おわせ》市賀田町である。尾鷲市の南端に位置していて、三方を山に囲まれ、賀田湾ではヒラメの放流などが行われており、南東には熊野灘が広がる。二〇一三年四月一日現在、人口六三四人、世帯数三四八世帯、六五歳以上が五〇%を超えている。東南海地震時には五〇〇世帯を超えていて、漁業と林業で現在よりは活気があって栄えていたという。津波の高さは七・九メートル、地震から約二〇分後に襲来した（飯田　一九七七）（図24）。

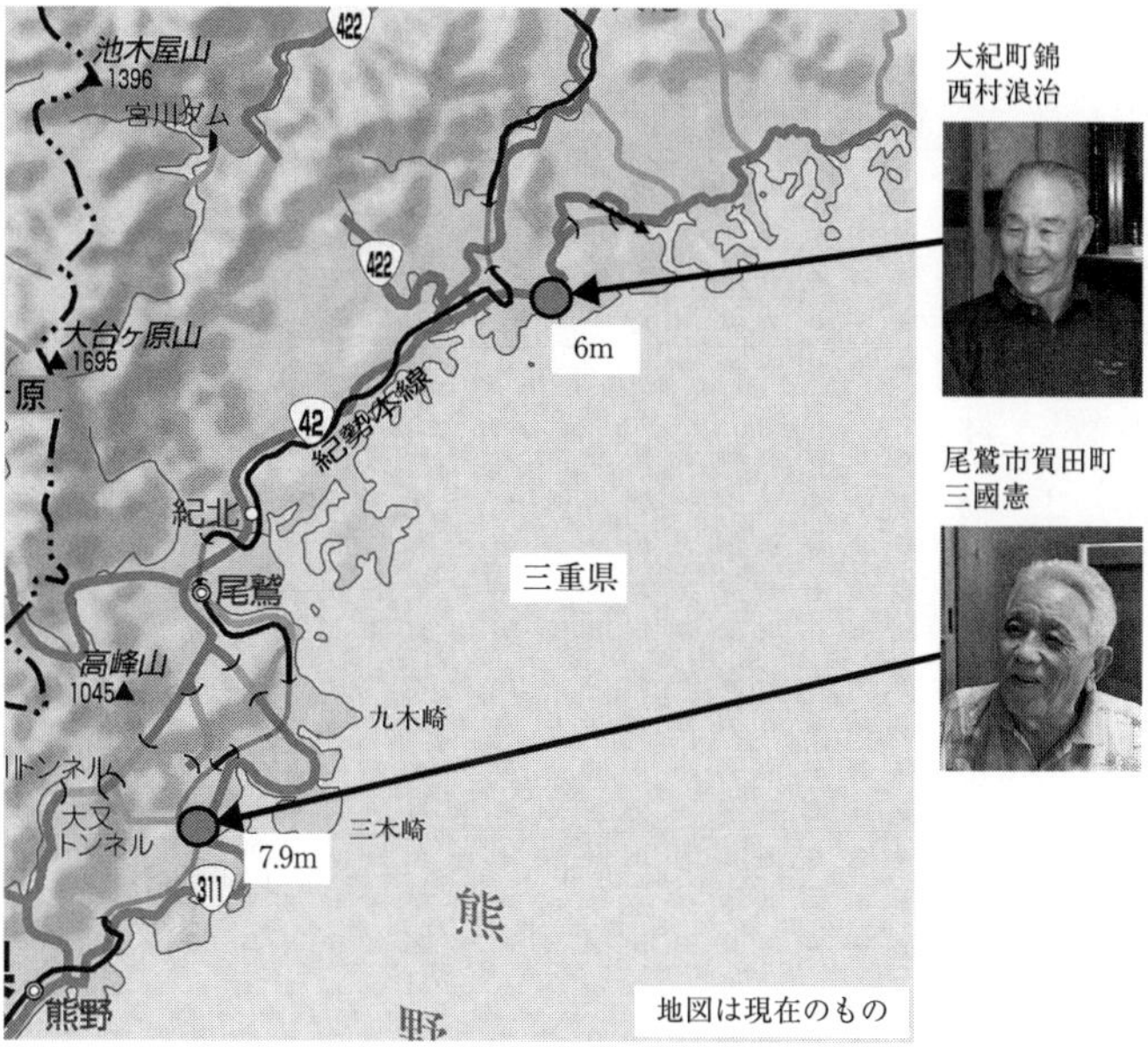

図24　インタビューを掲載した1944年東南海地震被災者（第三・四章）

東南海地震は、午後一時半頃で、外で友だちと遊んでいた。その時に地鳴りがして、数秒後に大きな揺れがやってきた。立っていられない揺れの状態が五～一〇分くらい続いたように感じた。

地震の後、なぜか弟が「学校に行く」と言ったため、海辺にある家ではなく高台の学校に向かった。地震のあとに津波が来ることは、当時は知らなかった。学校へ行く途中、石垣は至るところで崩れていたが、家の倒壊は一軒もなかった。

学校に着くと大勢の人が避難して、家族を捜す人でごったがえしていた。ほどなく、学校にいたおじいさんが「津波がくるぞー」と叫んだので、入江を見たら、湾の潮が全部引いて、どす黒い波が押し寄せていた。

津波は家などを壊して土煙を上げながら、奥へ奥へと押し寄せていった。恐怖心でただただ茫然として見ていた。津波は何回にも分けて来て、津波同士がぶつかり波柱が立った。第三波が一番高かった。

家族のうち、母と末っ子の妹が家にいた。地震の後、母は位牌と貴重品を風呂敷につつんで、ちょうど帰ってきた兄と家を出ようとしたところ津波に流された。母と兄は妹の手をしっかり握っていたが、一番大きな第三波の時、母は妹の手を離してしまった。

母は泳げなかったが、津波でガレキに押し挟まれたため、引き波で海に体を持っていかれることなく助かった。兄は、松の木にしがみついたまま気を失っていた。母も兄も通りすがりの人に助けてもらった。

日が暮れる頃に学校で母と兄に再会した時、こらえていた気持ちがいっぺんに出て、泣き崩れてしまった。家が流されたので学校の教室で夜を過ごすことになった。ストーブもなく寒い教室の中で、病人・ケガ人・年寄りが毛布に寝かされていた。夜に親戚が学校に様子を見に来てくれ、そのまま親戚宅で一晩お世話になった。翌日、父が出張先の熊野（三重県熊野市、尾鷲市の南）から、崖崩れや地割れの中を歩いて峠を越えて帰ってきた。親戚宅に何晩も世話になるわけにいかず、近くの教員住宅の部屋を借りた。

行方不明になった妹の捜索は、朝から晩まで続いた。妹が着ていたもんぺは竹やぶで見つかったが、一週間後、竹やぶではなく沖合で遺体が見つかった。

賀田の集落では一八人が亡くなった。津波で流されて助かった人は五〜六人だった。津波から一〇日後に合同葬を行った。地震の後、一緒に学校へ避難した人も、位牌を取りに帰ったために津波で亡くなった。水死体なので火葬にはできず土葬した。

官舎に住んでいた三軒のうち、賀田出身の家族は高台に避難して助かったが、私の家を含む二軒では亡くなった人が出た。私の両親は秋田県の出身で津波を知らなかった。また、隣の未婚の娘さんが股をケガして「死んだ方がよかった」と言っていたのが気の毒だった。

山からの水を、飲み水・生活用水として利用していたので、水は不自由しなかった。しかし食べ物については、玄米が潮に浸かってしまい、とても食べられるものではなかった。電信・電話や電気などもダメになった。電気は正月過ぎに復旧した。支援物資は自治会単位で分配した。もらったズボンと上着を着て学校に行ったら、みんなに「素敵だ」と言われて照れくさかった。

一週間ほどして、姉の嫁ぎ先の家で一年半ほどお世話になった。その後、元の家の近くの少し高台に土地を借りてバラックを建てた。すると、地震から二年後の一九四六年一二月二一日に南海地震が発生した。潮位は低くて集落に死者はなかったが、海辺に建てたバラックがみな流された。しかし、自分の家は高台に建っていたために被害に遭わずに済んだ。

現在は集落でも高いところに住んでいるため、津波の危険性はほとんどない。ただ数年前の地震（二〇〇四年紀伊半島南東沖地震）の時、海沿いでうろうろしている人がいたために怒った。特に四〇代以下は、津波の怖さを知らないので無鉄砲だと思う。地震と津波は今まで生きてきた中でも本当に怖かった。

なお、このインタビューは二〇〇八年七月三一日に行われたものをもとにして作成した。三國の体験を詳しく追っていく。

東南海地震の発生

外で友だちと遊んでいる時に地鳴りがして、数秒後に大きな揺れがやってきた。立っていられない揺れの状態が五～一〇分くらい続いた。

Q）昭和一九年一二月七日の東南海地震の時、三國さんは何をしていたのですか。

図25　外で友だちと遊んでいると，沖の方から地鳴りが聞こえた．その数秒後にものすごい揺れがやってきて，立つこともできなかった（三國の体験談は阪野画）．

その時、私は小学校二年生でした。だからもう六四年たつのかな。これくらいだと普通は記憶ってても、うろ覚えになるものだけど、非常に怖かったことなので記憶がよみがえるね。

ちょうどお昼過ぎだった。低学年の授業は午前中だけで、家で昼を済ませて、一歳下の弟と遊びに行くために再び学校へ戻っていった。その頃は、遊ぶところは他にないしね。

Q）学校に再び戻っていった……。

それで、その途中のダルマヤ商店（現竹村喜太郎宅）の前で、同じ低学年の友だちと出会って、そこで五～六人で遊んでいたわけ。当時はね、石けりとか、ビー玉とかね。それからムクロジっていって、真っ黒い木の実をぶつけ合いして（笑）。

そうしたら、沖の方から「ゴオーッ」て、地鳴りっていうのかね、ありましたんです。揺れはなかったんですけど、何とも言えない音がした。それで、それから何秒かしたと思ったら、「ダダダダダーッ」とものすごい揺れがやってきた。あれはもう、すっごいのだった。もうとてもとても、立っていられない。地面に座り込むのもいるし、四つんばいになって這うのもいるし、もうそんな状態です。初めての経験だった（図25）。

Q）どれくらいの間、揺れていたんですか。

実際は数分だったと思うけど、子ども心に五分から一〇分くらいに感じたな。もう揺れっぱなし。私は這いながら麦畑のあぜ道にたどり着いて「うちはどないなっとるんや」と、小学校二年生ながらにそんなことを考えていました。

揺れの後の避難

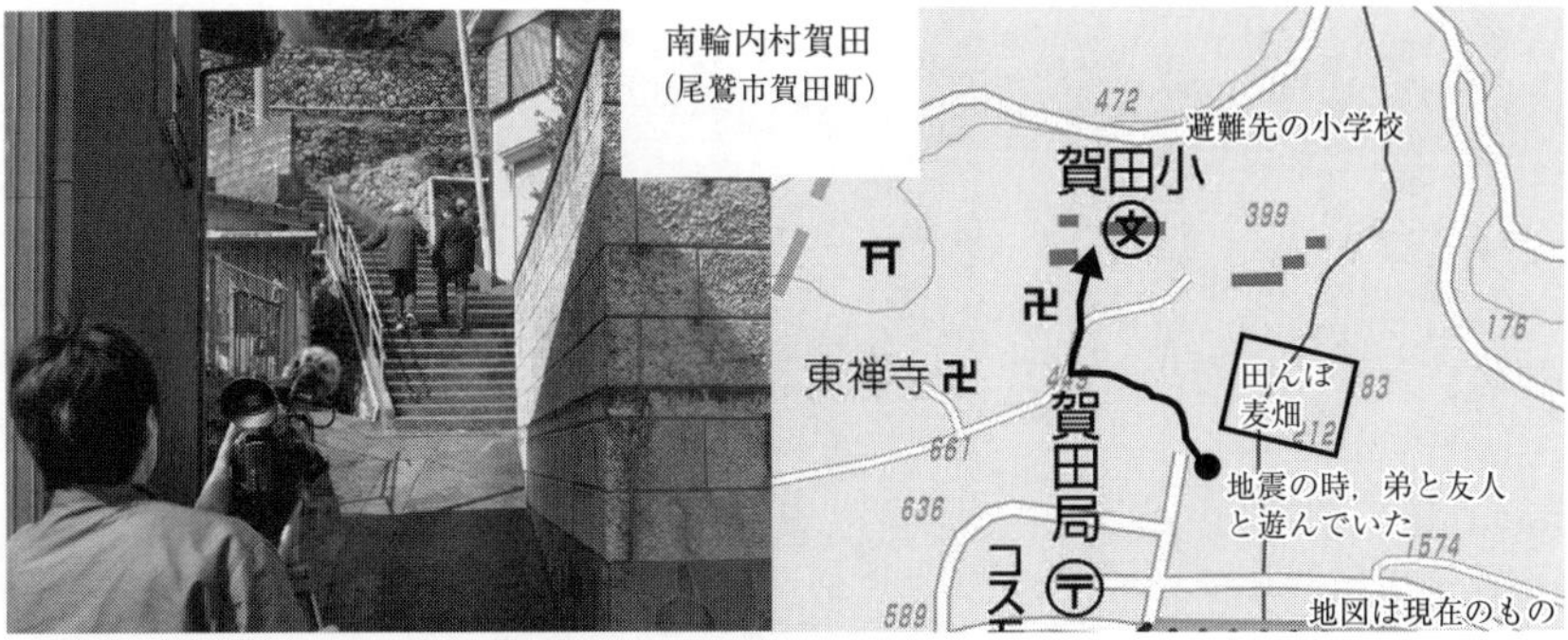

図26　遊び場から小学校への避難（写真は避難ルート）

弟が「学校に行く」と言ったため、海辺にある家ではなく高台の学校に向かった。

地震のあとに津波が来ることは、当時は知らなかった。

石垣は至るところで崩れていたが、家の倒壊は一軒もなかった。

学校には大勢の人が避難して、家族を捜す人でごったがえしていた。

Q）揺れが収まったあとは、どうしたのですか。

その時には、友だちはいつの間にか、もういなくなってしまった。私は弟に「家へ戻ろうか」と言ったけど、弟は「いや、おれは学校行く」と言ってきて。結局、弟が言うことを聞かずに泣き出したので、駐在さんの脇の道を上って学校に行ったのです。うちはいわゆるゼロメートル地帯、学校は高台にあったもんで、後で津波が来たことを考えると、あれは虫が知らせたのかね。大分あとになって聞くと、弟は「そんなこと言った覚えがない」と言っているのだけど、普通は家に帰るだろうからね。でも家に帰っていたら、今、こうやって話すこともできなかったかもしれない（笑）。

Q）津波が来るとは思わなかったのですか。

友だちも誰もそんな津波が来るいうことはね、想定できなかったな。私らより二〇ぐらい上の人で二四～二五歳の成人したぐらいの人に聞いてみても、津波なんてものは知らないという。なので、私らは知るはずがない（笑）。それでみんな自分の家へ逃げたんだね、高台や上に逃げるということじゃなくて、自分の家へみんなね。

図27　学校には大勢の人が避難していた．突然，おじいさんが「津波がくるぞー」と叫んだ．入江を見たら，湾の潮が全部引いて，どす黒い波がこちらに押し寄せてきた．

Q）学校へ行く途中のまわりの様子はどうでしたか。

石垣はもう至るところで崩れて、すごいものだった。ただ、石垣も部分的に崩れただけで、家の倒壊など一軒もなかった。それで、学校に着いたらもう人がいっぱい避難してきていて、悲鳴をあげながら「あの、うちの子を見なかったか」とか、親御さんや子どもを捜す人でごったがえしていた（図26）。

津波の来襲

学校にいたおじいさんが「津波がくるぞー」と叫んだ。入江を見たら、湾の潮が全部引いて、どす黒い波が押し寄せていた。

津波は家などを壊して土煙を上げながら、奥へ奥へと押し寄せていった。

恐怖心でただただ茫然として見ていた。

津波は何回にも分けて来て、津波同士がぶつかり波柱が立った。第三波が一番高かった。

Q）しばらく学校にいたのですか。

学校に着いてから何分かしてからだったなあ、おじいさんだったと思う。もうだんだん名前も忘れてしまったんだけど「津波が来るぞー」って叫んでね。というのも、賀田の入江から潮がグーッと全部引いてしまって、海底が見えたもんで、それでやっぱり津波が来るって。当時は家もなくて、学校からよく海が見えたんだね（図27）。

Q）三國さんも津波を見たのですか。

私もすかさず入江を見たら、潮が全部もう引いてしまって、すでにどす黒い波が押し寄せていた。台風などの波というのはね、ダーンと来て岸壁に当たるなとか思っても、はね返ったら、もうそれでおしまい。しかし、津波はそうじゃない。ガーンと来て、防波堤とかを乗り越えた時には、もう防波堤も何もないのです。どんどん潮位が上がってきて、ダーッと押し寄せてくる。台風の波とは全然性質が違う。

Q）台風とは全然違う津波が押し寄せてきた……。

図28　津波は家などを壊して土煙を上げながら，奥へ奥へと押し寄せていった．津波は何回も来て，津波同士がぶつかって波柱が立った．第３波が一番高かった．

それでもう、家なんかをね、積み木でも何でも壊すように、ちょっと流れたと思ったら、バラバラバラッと土煙を上げて。壊れたと同時に、土煙やとか壁土とかがザーッと舞い上がる。それで、もう何もかもザーッと流してしまって、そのまま奥へ奥へと押し寄せていくわけ。

Q）その時の三國さんはどんな気持ちで見ていたのですか。

もう、茫然だね。何を考えていたんだろうと思って、今、思い返そうとするんだけど、この時の気持ちだけは、もうまったく思い出せない。恐怖心で。ぽっかり穴が空いたように記憶が欠けている。

Q）津波は一回だけだったのですか。

いや、あれはね、何回も分けて来るわけ。第一波がバーッと行けるところまで行って、それですごい勢いで引いていった時に、第一波よりも高い第二波が来る。第一波が来てから一五分くらいかな。それで、引いていく波と、押し寄せてくる波とがぶつかって、ものすごい波柱が立ったよ。それで、また第二波が引いて、第三波が来る。この第三波が一番波が高かった。それがもう、第三波が過ぎると、だんだんだんだん、波の高さが低くなっていったわけ（図28）。

家族の津波被害

地震の後、母は位牌と貴重品を風呂敷につつんで家を出ようとしたところ津波に流された。母と兄は妹の手をしっかり握っていたが、一番大きな第三波の時に手を離してしまった。母は泳げなかったが、津波でガレキに押し挟まれたため、引き波で体を持っていかれることなく助かった。兄は、松の木にしがみついたまま気を失っていた。母も兄も通りすがりの人に助けてもらった。

Q）ご家族はその時、どうしていたのですか。

うちは当時、九人家族。両親と、一八歳の兄、一六歳の兄、高等一年（中学一年）の姉、小四の姉、それで、小二の私と小一の弟、あと六歳の末の妹がいた。

親父は鉄工所の職人で、賀田の営林署の職員をしていた。当時、賀田に索道（ロープウェイのようなもの）があってその責任者だった。たまたまその日は機械修理のため、熊野市の飛鳥（飛鳥町大又《おおまた》）へ出張していた。兄二人は、その営林署の大又管理員で働きに行っていたのだけど、休みで賀田に帰ってきて遊びに行っていた。姉二人は学校で授業中。つまり家には母親と末の妹だけがいたわけ。

Q）地震が起きた時、家にいたお母さんと下の妹さんはどうしたのですか。

地震の時には母と末妹は家の外に避難して、地震が収まった時に、母は家に駆け込んで位牌と貴重品を慌てて風呂敷につつんだ。それで家を出ようとしたら、妹が大声で泣き出して母にしがみついて来たらしい。程なくして、一番上の兄の博も駆けつけてきて三人で逃げようとした時に、津波がものすごい勢いで押し寄せてきて、三人ひっくり返されて流されたんです。

Q）家族三人が流された。

母と兄は流されながらも、妹の手をしっかり握っていたけど、一番大きな第三波の時に妹の手を離してしまった。それで、そのまま気を失って、集落の奥にある揚水水源地の方まで流されてしまった（図29）。

母が気がついた時には、材木や家屋の壊れたのが自分を押し挟んでいた。母はガレキに押し挟まれて助かったわけなんです。つまりガレキと一緒にダーッと奥まで流されていって、奥まで流れついた時に水も少なくなってガレキがドンと据えられたわけ。それでガレキに挟まった母親もそのまま引き潮で戻されることなく助かった。しかも、うちの母は、まっ

図29　母は位牌と貴重品を風呂敷に包み，家を出ようとした時に津波に流された．6歳の妹の手をしっかり握っていたが，一番大きな第3波の時に手を離してしまった．

図30　母は泳げなかったが，津波でガレキに押し挟まれたため，引き波で体を持っていかれることなく助かった．兄は松の木にしがみついたまま気を失っていた．

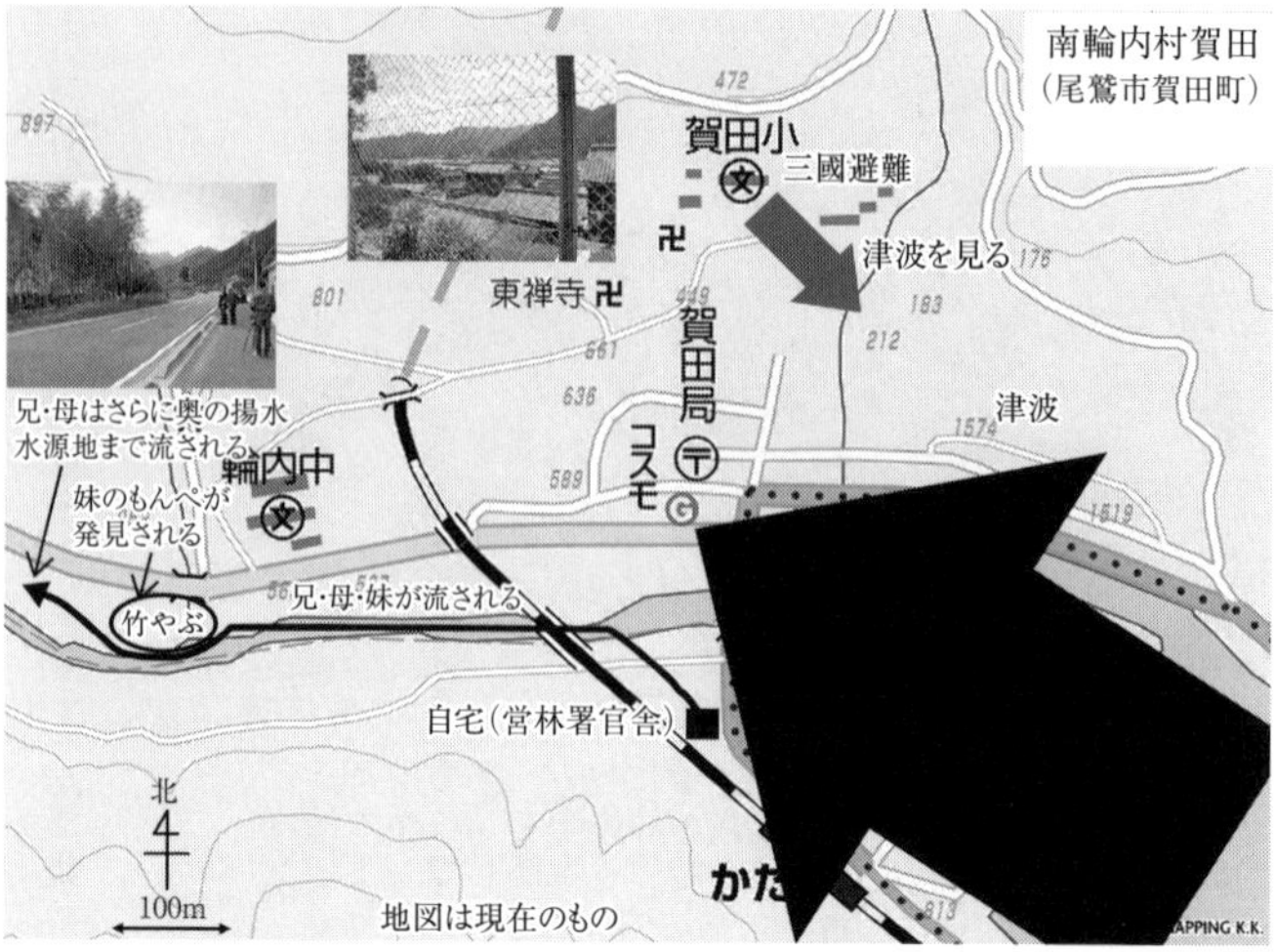

図31　三國の避難と母兄妹が津波で流された経路

たく泳げないのに助かった。当時は、賀田の人の、本当に笑いぐさだった。「よう泳がん人が助かった」って、もう、珍しいって（笑）。

Q）お兄さんはどうだったのですか。

兄は、母が流されたところから数メートルのところに松の木があって、その松の木にしがみついたまま気を失っていたらしい。その時に、山林で働いていた通りすがりの人に、母親とともに助けてもらったわけ。兄も母も骨折がなく、どうにか歩くことができたのが不幸中の幸いだったな（図30・31）。

家族との再会

日が暮れる頃に学校で母と兄に再会した時、こらえていた気持ちがいっぺんに出て泣き崩れてしまった。

家が流されたので学校の教室で夜を過ごすことになった。ストーブもなく寒い教室の中で、病人・ケガ人・年寄りが毛布に寝かされていた。

Q）三國さんは学校でお姉さん二人に会えたのですか。

あまり覚えがないのだけど、姉は学校で授業を受けていたのでほどなく会えたと思う。あと遊びに行っていた下の兄も学校で会うことができた。それで夕方になってもう日が暮れてきた頃になって、津波で流された母と上の兄が学校の避難所にやってきてね。母の顔を見たとたん、私は心にこらえていたいろいろな気持ちがいっぺんに出たのか、その場で大声で泣き崩れてしまった。

それでそのまま日が暮れて、一二月なので夜は寒くなって。七輪で火を起こしてあたっていたのを覚えている。
Q）そのまま学校に避難した人は、皆、泊まったのですか。
家のある人は、日が暮れてくると、みんな家へ帰ったりしたな。ただ、私らの家は流れてしまったので、余震が続くなか、学校の教室で夜を過ごすことになった。
Q）その時の学校の様子はどのような感じでしたか。
ローソクかカンテラか、薄暗い灯りがポツンと灯っていてね。ストーブなんかも何もない。その寒い教室の中で、病人やケガ人や年寄りが、近所の人が持ってきた毛布か何かで寝かされていてね。母と兄も寝かされていた。母はすすり泣きながら一番下の妹の名前を祈るようにつぶやいていたな。

親戚宅への避難

夜に親戚が学校に様子を見に来てくれて、そのまま親戚宅で一晩お世話になった。
翌日、父が出張先の熊野から、崖崩れや地割れの中を歩いて峠を越えて帰ってきた。
親戚宅に何晩も世話になるわけにいかず、近くの教員住宅の部屋を借りた。
Q）夜は学校に泊まったのですか。
それがしばらくすると、お寺（東禅寺）の近くに住んでいる親戚の仲《なか》さんが教室に来てくれて、おふくろと兄貴が参っているのを見て「俺んとこに来い」と言って。家族七人がそこで一晩お世話になったんですよ。もうみんながごろ寝して。
Q）そして朝を迎えた……。
翌日の昼には、熊野に出張していた父親が仲さんの家にやって来て、再会することができた。うちのおやじは肝っ玉の太い人で、出張先の熊野で地震が収まった時、家族が心配だけど電話もつながらないし、道も崖崩れや地割れでズタズタで、バスもない。それでもその日のうちに帰ろうとしたけど、まわりの人から「危険だ」と止められて、仕方なく朝になってから熊野から鳥越峠を越えて、歩いて帰って来た。五時間くらいかかって昼には賀田に着いた。

それで、家族と再会した時に一番下の妹が行方不明なのを聞いて、ガレキと泥の中、みんなで探しまわったんだけど、この日は結局見つからなかった。

Q）翌日も仲さん宅に泊まったのですか。

あまり何晩もお世話になるわけにはいかないので、近くに教員住宅があって、そこに女の先生が二人いて、結構広い住宅で、そこを二部屋借りて一週間くらい世話になったかな。校長先生も話をしてくれてお借りすることができた。

妹の捜索

朝から晩まで妹の捜索は続いた。

妹が着ていたもんぺは竹やぶで見つかったが、一週間後、沖合で遺体が見つかった。

賀田の集落では一八人が亡くなった。津波で流されて助かった人は五～六人だった。

Q）妹さんの捜索は続いたのですか。

もちろん朝から晩まで。私は学校へ行かなければいけないので、学校から帰ると妹を探しにね。妹は当時、綿のもんぺをはいていて、母や兄が流された近くの竹やぶのところにもんぺが脱げてひっかかっていたんです。ただ、見つかったのはもんぺだけで、妹自身は見つからない。

それでちょうど津波から一週間目の一四日に、隣の古江《ふるえ》の集落の大工さんが伝馬船《てんません》（大型の船に付属して陸岸との往来などの作業に従事する小型の船）で、造船所へ働きにいく時にね。「あれ、何か下にあるわ」って言って、泥をどかしたら、ワーッと浮上してきたって。今のシーサイドというホテルの一〇〇メートルぐらい沖で、遺体で発見されたわけ。だから、もんぺとは全然違うところまで引き波で流されて持ってかれちゃったんですね。私らは、もんぺがあった辺りばかり探していた。

一週間も海底に沈んでいて浮上したから全身水膨れで、引き上げた人は成人した娘かと思っていたらしい。体内にガスが充満して浮上したらしいな（図32）。
Q）賀田の集落では何人亡くなったのですか。
一八人亡くなったね。流されて助かった人は、私の聞いた範囲では五～六人じゃないですか。いくら泳ぎの達者な人でも、あの波ではちょっと助からないな。波といっても、そういう泳げるような性質の波じゃない。しかもガレキの中を、材木だとか、いろいろなものと一緒に流されていくからね。津波を知らない人は、ここを勘違いしてはいけないね。

図32　朝から夜まで妹の捜索は続いた．妹が着ていた服は竹やぶで見つかったが，１週間後，沖合100m のところで遺体が見つかった．

葬式

津波から一〇日後に合同葬を行った。

地震の後、一緒に学校へ避難した人も、位牌を取りに帰ったために津波で亡くなった。

当時は長時間の火葬ができず、水死体のため土葬した。
Q）お葬式はどうしたのですか。
津波から一〇日ちょっとたった一二月一九日に東禅寺で合同葬をしました。私も参列したけど、みんなねえ、特に女の人が悲鳴上げて泣くしなあ。本当にもう、むごたらしいものだった。人数は全部で二三人。賀田以外の人でも、たまたま賀田に来ていた時に亡くなった人なども含めて、その人数になった。

たとえば、向井はるかさんは、隣の古江の集落の人で婦人会の会長さんだった。曽根《そね》の集落で会議があるために、古江から賀田を通って曽根に向かい、会議に参加して帰ってくる途中に賀田で被害に遭ってしまった。あと、私の一つ上の黒眞次さんは、梶賀《かじか》の集落の人だったけど、石垣が崩れてその下敷きになって亡くなった。小さい子だったからね。まだ九歳だから。

森岡重太郎さんと奥さんは、津波の中でどうにか屋根に上ってね。流されていくのを賀田の人たちは皆、目撃したんですよ。息子さんが救助に飛び込もうとしたのだけど周囲の人に止められてね。「今助けに行くから待っておれ」と呼ぶうちに行方不明になってしまった。

竹村玉枝さんは、私らと一緒に麦畑のところを学校へ向かっていったん避難したんだけど、「位牌を取りに行ってくる」って、家に戻ったところを、家ごと津波にさらわれた。津波の後、倒れた家を取り除くと、位牌を握って仏壇の前に手をついた状態で発見されていた。もう気の毒だったな。

Q）亡くなった方は土葬したのですか。

水死体だったので、あの当時は空襲をさけるために、長い時間ずっと火葬することができなかったので土葬しました。妹はお寺の高台にあるお墓に埋めました。お寺には合同の石碑が二基ある。一つがこの津波で、もう一つが昭和四六年にあった山津波（昭和四六年三重県南部集中豪雨の際の土砂災害）の時に犠牲になった人のもの。

地震＝津波連想

官舎に住んでいた三軒のうち、賀田出身の家族は高台に避難して助かったが、自分のうちを含む二軒では亡くなった人が出た。

両親は秋田県の出身で津波を知らなかった。

隣の未婚の娘さんが股をケガして「死んだ方がよかった」と言っていたのが気の毒だった。

Q）家屋の被害はどうだったのですか。

うちは営林署の官舎に住んでいたけど、海辺でゼロメートル地帯で低かったもんで、一番先に流れてしまった。もちろん服も写真も流されてしまった。官舎は三軒が連なる三軒官舎で、私のところが一番東側だった。真ん中の家の人は和歌山の人だったけど本宮《ほんぐう》町っていう山の方の出身の人で、おじいさんと奥さんが亡くなった。それで、一番西の家は賀田の人だったので、夫婦と子ども二人とも誰も亡くならなかった。すぐに、高台になっている甲神《こうしん》さんっていう小さなほこらまで逃げてね。

Q）三國さんの両親は、賀田の人ではなかったのですか。

おやじは秋田県鹿角《かづの》市という、秋田でしかも内陸部の出身で。それで室蘭へ行って、大砲の工場へ弟子入りに行って鉄工所の職人になって東京へ出てきたわけだね。それで日立製作所の前身の会社に就職して、そこの東海工務所が索道（人や物資を運搬するロープウェイのようなもの）を賀田に作るということでうちの親父が派遣された。当時五〇歳くらいだった。しかもうちのおふくろも秋田市の出身で、とにかく二人とも「津波なんていうのは、知らなかった」って言っていた。当時はテレビもないし、ラジオでもこんなことは報道してくれないしね。

Q）賀田出身の人以外が被害に遭われたのですね。

そう。あと、隣の二〇歳そこそこの未婚の娘さんが股のあたりを大けがしてね。ちょうど肝心なところ。それで、病院もないしね。結局、結婚したけど、子どもができなかった。ケガが原因かどうかは分からないけど、「もう、死んだ方がよかった。こんなけがして」って言ってね。本当に気の毒だった。

水と食べ物、支援物資

山の水だったので、水は不自由しなかった。

玄米が潮に浸かってしまい、とても食べられるものではなかった。

電信・電話や電気などダメになった。電気は正月過ぎに復旧した。

支援物資は自治会単位で分配した。もらったズボンと上着を着て学校に行ったら、みんなに「素敵だ」と言われて照れくさかった。

Q）水は大丈夫でしたか。

ここらは簡易水道だったので、山水をパイプでずっと引いてね。郵便局のちょっと上に大きな水のタンクがあって、そこへみんな汲みに行ったわけ。山の水だから、津波で潮が差したりすることはなかった。ここらは比較的水質が良いと言われているからね。

Q）食料はどうでしたか。

食料は、流されて潮に浸かった玄米を食わされた。当時は、みんなで収穫した米を供出してね。それを精米するために農協の倉庫へ皆積んであった。それが全部流れた。精米していたら、潮に浸かっても食べられるのだけど、玄米だから食えるもんじゃない。精米にかけるとみな砕けていってさ。乾かして臼でついたりして、とにかく炊いて、おかゆみたいにする。それでも腹が減るもんで食べたけどね。

あと、サツマイモ。これには助けられたな。サツマイモのおかげで、私らも今こうやって生きているんだろうな（笑）。

Q）電気や電話などの被害はどうでしたか。

郵便局の電信は有線だったのでダメになった。電話は、当時はお金を持っていた二〇〜三〇軒くらいしかなかったけど、もちろんダメ。電気も、高圧線が全部被害受けたのでダメ。一二月七日に地震が発生して、正月時分に電気が復旧したのではないかな。

Q）服などはどうやって調達したのですか。

服や食器など救援物資が届けられて、常会（自治会）単位で分配した。あれはありがたかった。当時は新聞報道もされていなかったので、どこから来たのかはわからないけどね。一度も手を通していない衣類とか、物がない時代なのに心がこもっていた。いただいたズボンに上着を着て学校に行ったら、みんなに「素敵だ」と言われて、照れくさかったな。

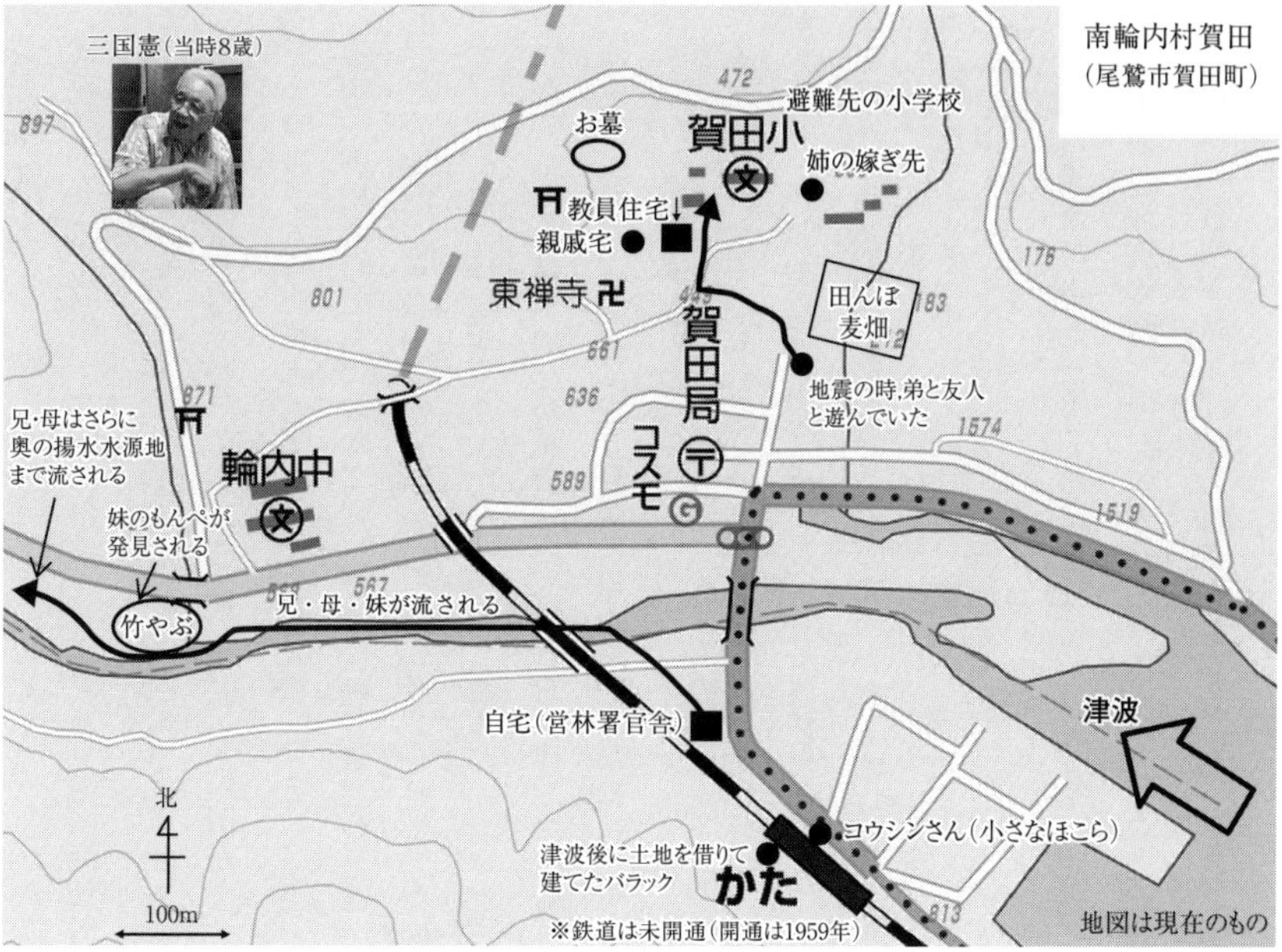

図33　住まいの変遷などの位置関係

住まいの変遷

一週間ほどして、姉の嫁ぎ先の家に移って一年半ほどお世話になった。

その後、元の家の近くの少し高いところに土地を借りてバラックを建てた。

Q）教員住宅でお世話になったあとは……。

小学校の近くに山本さんという家があって、うちの上の姉が嫁いでいてね。そこにお世話になりました。ただ石垣が地震で崩れて「住んだら危ない」ということでね。一週間くらいたってから、村の人とかがいろいろ調べに来て、「もう大丈夫だろう」と言って、石垣は崩れているけどどうにか住めるもんで、結局一年半くらい世話になりました。

Q）姉の嫁ぎ先のところでお世話になったあとは。

元の家の近く、今のＪＲ賀田駅のちょうど裏の少し高いところに土地を借りてね、それでバラックだけど家を建てたんです。もうそりゃあ、あんた、もののない時でね。終戦後だったので大変だった。それでまあ、どうにかこうにか、皆さんの協力で。昭和二七年くらいまではここに住んでいました（図33）。

南海地震

地震から二年後の一九四六年一二月二一日に南海地震が発生した。

潮位は低くて死者はなかったが、海辺に建てたバラックがみな流された。

家は高台に建っていたために被害に遭わずに済んだ。

Q）バラックなどはあちこちに建っていたのですか。

海辺などにあちこちに建っていた。今でいう仮設住宅ほど立派なものではないし、個人の力で建てたものだけどな。そしてこの地震から二年後の昭和二一年一二月二一日に、今度は南海地震が発生した。ただこの時は津波の潮位はうんと低くて、人的被害はなかった。ただ、被災した人のバラック、これは全部やられた。当時は戦後すぐで需要があって、湾の中にたくさんの材木が浮かんでいた。それらが津波で皆流されて、家が壊されたり、あたり一面に材木が散らばってね。

Q）三國さん宅は大丈夫だった。ただ、うちは少し高台に建っていたために大丈夫だった。

二次災害。ただ、うちは少し高台に建っていたために大丈夫だった……。

まあこういうこともあろうかと、おやじは高台に建てたのだろうけどね。ただ、私のところの下に製材工場があって、大きなボイラーがあって蒸気を動力にして製材をやっていたんだけど、それが流木が原因で爆発してね。バーンと。地震は明け方の四時頃（午前四時一九分）だったと思うけど、すごい大音響だったな。

津波の備え

現在は集落でも高いところに住んでいるため、津波の危険性はほとんどない。

数年前の地震の時、海沿いでうろうろしている人を怒った。

特に四〇代以下は、津波の怖さを知らないので無鉄砲だと思う。

地震と津波は今まで生きてきた中でも本当に怖かった。

Q）津波に対して備えていることはありますか。

今は、集落の中でもだいぶ高いところに住んでいるから、とりあえず津波は上ってこないと思うけどね。ただ、確か四〜五年前に地震があった（二〇〇四年九月五日紀伊半島南東沖地震）時、私は、家の中にいたのだけど、それまで勤めていた郵便局が心配になって郵便局の上までいったわけ。それで郵便局の上から見ていたら、あんた、海沿いの浜通りに、人が行ったり来たりしていて危ない。それで「はよ、高台に逃げなあかんやないか！」「絶対津波が来んいう保障はあらへんで！」って言って怒った。

Q）逃げない人を怒った。

本当になあ、知らない人は、怖い。無鉄砲。私らの年代ではまあ大丈夫だけども、四〇代から下の人だったら、津波のことを知らない。チリ津波（一九六〇年）すら知らないからな、賀田に津波が襲ってくるというイメージがない。しかし、地震と津波は本当に怖かった。あの怖さは、私、今まで七二年生きてきて、一番恐ろしかったな。

Q）ありがとうございました。

三　津波被害をどう防ぐのか

「地震＝津波連想」の欠如

三國のインタビューからは、「津波」の存在を知らなかった親子が、地震発生後に結果的に不適切な対応を行ってしまったこと、「地震・津波に関する情報」がなかったために、地震の規模および津波襲来の事実を知ることができず、行動の判断材料、行動を修正する材料を持つことができなかったことがうかがえる。

防災の世界では「地震《じしん》＝津波連想《つなみれんそう》」という用語がある。地震が起きたら、即座に、津波を思い浮かべること、またはその結果としての行動のことである。地震＝津波連想に基づいた具体的な人間心理・行動として、「沿岸部にいて地震の揺れを感じたら、即、津波の危険性を思い出して、外部からの情報などを待たずに、津波から遠く高い場所（高台・高く頑丈な建物の上層階など）に避難する」ことである（田中他　二〇〇六など）。

人は地震に遭遇すると「この地震はどこで発生した、どのような規模の地震なのか」「どこか大きな被害を受けたところはあるのか」「津波は発生するのか、いつ到来するのか」など地震の情報を獲得しようとする。たとえあいまいな状況で、現時点での状況が非常事態なのか違うのか、逃げてよいのか悪いのかがわからなくても、自分のとるべき行動を熟考したり他から情報を得ようとしたりするよりも、まずは津波の危険から回避するために津波から遠く高く逃げることが災害対応上は適切である。また、地震＝津波連想によって避難したにもかかわらず、津波が襲来・強襲しなかった時には、「余計な行動を起こして損をした」「『逃げ損』だった」と思うのではなく、「上手に危機管理ができた」「よい予行演習だった」「次もこのような行動をしよう」と行動を強化することが、非日常の低頻度事象である大災害から命を守るためには必要である。

しかし今回のインタビューでは、両親が、山間部や津波伝承のない地域の出身で「津波」を知らず、子どもに伝えることができなかったこと、賀田の集落には「地震＝津波連想」が昔から住んでいる一部住民には知られていたものの、事前にそれを伝える機会がなく、地震発生後にもそれを伝えて避難行動を促進させるような仕組みがなかったことがわかる。

「津波てんでんこ」

当時から、津波の常習海岸と称された東北地方の三陸沿岸部には、津波による犠牲を少なくするための戒めの言葉が伝わっていた。東日本大震災でも再び注目を集めた「津波てんでんこ」である。一八九六年（明治二九）明治三陸津波では、小さな緩やかな揺れが長く続いたあと不意に津波が押し寄せ、岩手県綾里村白浜では約三八・二メートルの最大打上高となり、死者・行方不明者は約二万二〇〇〇人となった。この時、親子、兄弟、姉妹など、家族が互いに助け合おうとして結局は共倒れ現象を来たし、岩手県だけでも七二八戸が一家全滅した。この哀しい体験をもとにした教えが「津波てんでんこ」である。

「てんでん」とは「てんでに」「銘銘に」ということで、それに三陸地方語に特有の「こ」が付いて「津波てんでんこ」となっている。津波の時は互いに人のことには構わずに親でも子でも「自分の命は自分で守れ」、共倒れの悲劇を防ごうというのが真意である。この教えを守った人々が、一九三三年（昭和八）の昭和三陸津波において迅速な避難を行った。

なお、今日、この「津波てんでんこ」に対して、「災害時要援護者《さいがいじようえんごしゃ》」（災害が発生した時に特別な配慮が必要な人たち、一般的に言われる災害弱者）の問題、体の不自由なお年寄りや障がい者の避難はどうするのかという問題がある。この問題に対して、岩手県綾里村出身の著述家・津波史研究者で、自らも昭和三陸津波の被災者である山下文男は、津波による災害時要援護者の避難については、その家族まかせにするのではなく、地域・集落全体の問題としてとらえることが必要だと主張している。地域の自治会・自主防災組織などで手助けする人々をリスト化し、誰が誰の避難をどのように手助けするかを考え、必要資器材を整備するなど、日頃からの取り決めと準備、そして訓練が必要である。これは「自分の命は自分で守る」という考え方を基本とした「自分たちの地域は自分たちで守る」という防災思想の実践であって決して矛盾することではない。ただ漠然と「みんなで手助けしなければ……」という自意識が、いざという時にかえって混乱を招き、共倒れを増やすことにつながるのであると主張している（山下　二〇〇五・〇八）。

当時の賀田を含めた東南海地震の被災地のほとんどの集落では、このような「津波てんでんこ」のような、もしくは現在でいうところの「グラッときたらすぐ高台」「地震だ、津波だ、すぐ避難」などといった避難行動に結びつくような教訓は残っていなかった。それどころか次章で詳述する「地震後は津波が来るまで飯炊きをする余裕がある」という、ある一部の地震・津波にしか当てはまらない伝承が残っていた。

この理由として、一つ前の南海トラフの地震である安政東海地震・南海地震（一八五四年〈嘉永七〉）での死者・行方不明者は約二～三〇〇〇人（諸説ありはっきりわかっていない）であり、伊勢・紀伊で約七〇〇人、尾鷲で津波は約六メートルと言われており、東北地方の明治三陸津波のように集落が全滅するような甚大な被害が発生していなかったことも、伝承が残りづらかった原因ではないかと推測される。

さらに当時は戦時中であり、国家総動員法（一九三八年）により人的・物的資源が国家の統制下にあり、国防・防空に対する意識啓発は国民全体に行き渡るように重点的に行われていたものの、自然災害に対する意識啓発・伝承はあまり行われていなかったことも原因であると思われる。もし、「自然災害によって人的・物的資源が失われることを抑止したり軽減したりすることも一種の国防である」という観点から、当時から自然災害への備えについても国家的事業として行われていれば、三陸地方の「津波てんでんこ」が日本の沿岸部全体の普遍的な教訓・行動規範として伝わっていたかもしれない。

限られた津波警報・注意報の仕組み

「地震＝津波連想」が津波避難の基本的な考え方であるが、地震の震度が小さかったり、車で移動していたり、工事現場が近くにあるなどして、揺れを感じなかった時には、津波警報・注意報などが避難についての大きな判断材料となる。現代の日本では、地震が発生してから約三分を目標にして、津波警報・注意報が発表される。気象庁は、東日本大震災（二〇一一年〈平成二三〉）での課題をもとにして、二〇一三年三月七日より新しい津波警報の運用を開始した。

主な改善点として、一つ目は、マグニチュード八を超える巨大地震の場合は「巨大」という言葉を使った大津波警報で非常事態を伝えることである。そのような巨大地震は、正しい地震の規模をすぐ把握できないため、その海域の最大級の津波を想定して、大津波警報・津波警報を発表し、最初の津波警報では、予想される津波の高さを「巨大」「高い」という言葉で発表する。二つ目は、正確な地震規模がわかった場合、予想される高さを五段階で発表することである。これまで八段階で発表していた予想される津波の高さについて、被害との関係や、予想される高さが大きいほど誤差が大きくなるため五段階に集約する。また津波警報等の発表時には、各区分の高い方の値を予想される津波の高さとして発表する。三つ目は、高い津波が来る前は、その高さを「観測中」として発表することである。大津波警報や津波警報が発表されている時には、最初に観測された津波の高さを最大だと誤解しないよう、津波の高さを数値で表さず「観測中」と発表する場合がある。四つ目は、沖合で観測された津波の情報をいち早く伝えることである。沖合の観測データを監視し、沿岸の観測よりも早く、沖合における津波の観測値と沿岸での推定値を発表し、予想よりも高い津波が推定される時には、ただちに津波警報を更新する。このような改善点をもとに、命を守るための迅速な避難の判断材料となるような津波警報・注意報を目指している（気象庁　二〇一三など）。

三陸地方の津波予報

このような津波に対する予報は、東南海地震の当時にも存在した。しかしそれは三陸地方のみであった。先に

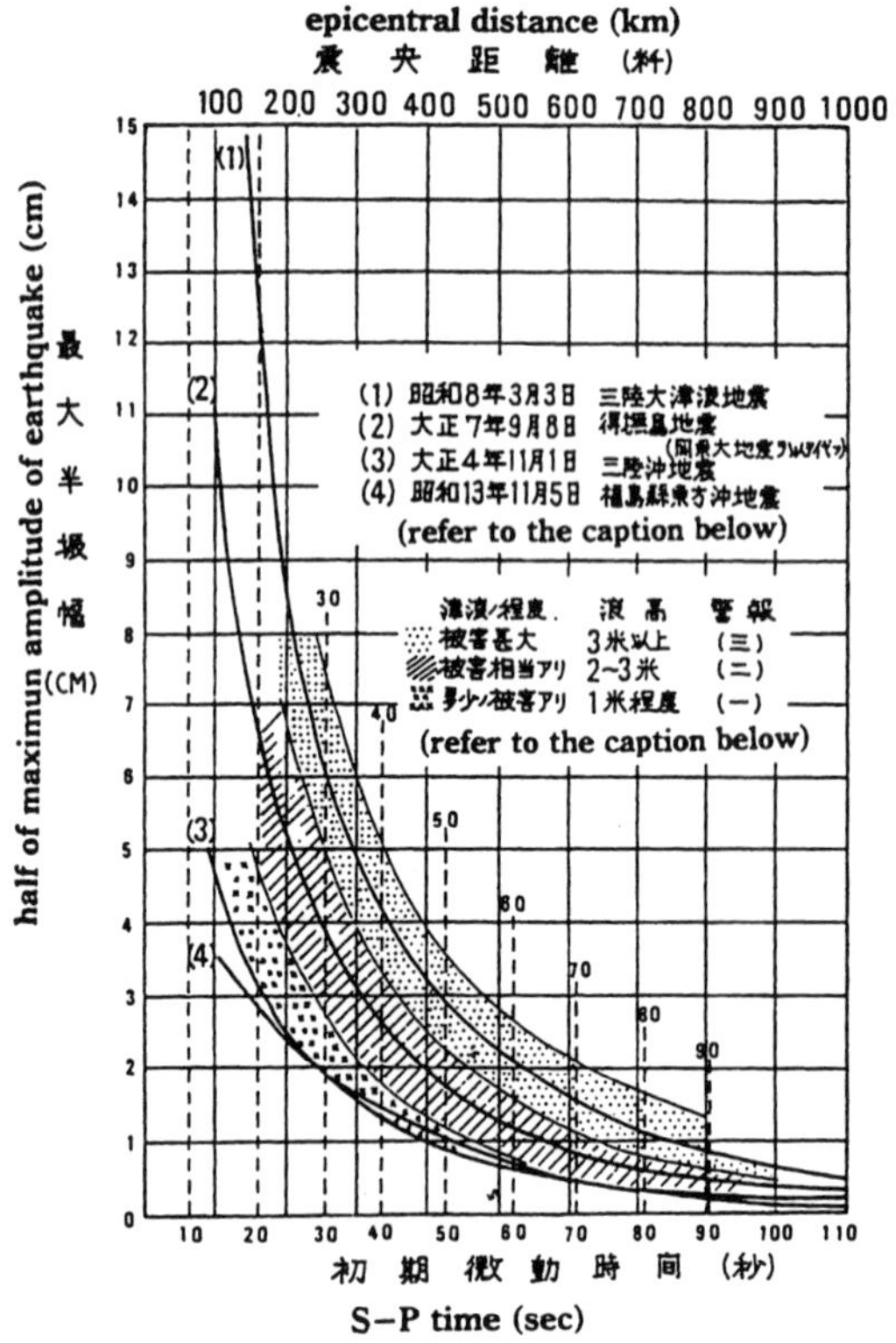

図34　1941年仙台管区気象台によって導入された津波予報図（首藤　2000より）

述べた一九三三年三月三日の昭和三陸津波の直後から、科学者による詳細な現地学術調査とともに、対策に向けての国や県の調査立案も行われた。六月には「津浪災害予防に関する注意書」がまとめられ、高地移転を中心とする復旧事業が実施された。

そして、当時普及しはじめていたラジオを使っての津波予報が、一九四一年に三陸地方を対象として、世界で初めて実現した。急速な限度以上の海面上昇下降を検知してサイレンを自動的に吹鳴する津波予報装置塔が釜石に設置された。建造費、電気設備を含め、計三五〇〇円であった。当初一八ヵ所に予定されていたが、結局釜石のみで実現した。そして同年、世界最初の津波予報が、三陸地方を対象として実現した。この予報は、予報図に各地の震央までの距離と、標準的な地震計に記録された最大振幅をプロットし、図中の分布範囲から大津波・津波・津波なしのレベルを判定するものであった（図34）。各地の値を電話で集めるため、発震から判定まで約二〇分を要したという（首藤　二〇〇〇、北原他　二〇一二）。

しかしこの予報は三陸地方にしか存在せず、東南海地震・南海地震といった南海トラフの震源域には適用されなかった。戦争が激化する中でそれどころではなく、人的・物的・資金面でも不足していたことが原因だと考えられる。しかしこのような仕組みがもし全国展開されていれば、当時にはすでに、空襲警報（防空警報）を発令する仕組みがあったために、津波警報についても津波来襲の前に一般市民に対して発表することが可能であったかもしれない。

あくまでも仮定の上での話であるが、戦時中とはいえ、当時から地震・津波の知識の普及、自然災害に対する備え、津波警報発表の仕組みが存在していたならば、被害を極小化することも十分に可能であったと考えることができる。

第四章　物語『稲むらの火』がもたらしたもの

二人目は、漁師として船の様子が気になったことと、小学校時の教科書の知識から「まずは潮が引いてから津波が来る」という先入観があったことによって、海に行って一〇分ほど様子を見ていたという体験談である。ある一つの事例における教訓を、他の事例にも適用できる普遍的な知識として教え、理解してしまうことの危険性を知ることができる。この問題については、インタビューを紹介した後に、一つの津波事例を素材とした物語『稲《いな》むらの火』の功罪として、当時、防災意識啓発に多大な貢献をしたその内容・背景を紹介しながら問題点についても考察したい。

一　漁師の体験談

西村浪治《にしむらなみじ》は一九二六年（大正一五）生まれで当時一八歳、錦《にしき》（当時の北牟婁《きたむろ》郡錦町〈現度会《わたらい》郡大紀《たいき》町錦〉）で漁師をしていた。錦地区は、熊野灘沿岸の中央部に位置する錦湾を中心とした集落である。背後は、崖が迫る山がちの地形で、平坦地が少ない狭隘・高密度な集落を形成している。現在の人口は約二〇〇〇人（約九〇〇世帯）で、減少・高齢化を続けている。漁業関係者が多く、昭和三〇年代からブリなどの養殖業を行っている。また錦地区には、錦タワーという、円筒形の鉄筋コンクリート製で高さ二一・八メートルの五階建ての津波避難タワーとそこに至る避難経路が整備されていることで有名である。津波の高さは六メートル、地震から約一〇～一六分後に襲来した（飯田　一九七七）（図24を参照）。

地震の時は、「ゴーッ」という海鳴りのような異様な音がして地震が起きた。揺れがだんだんと大きくなっていくなか、一階へ降りて、姉の手を振り払って、浜へ様子を見に行った。小学生の時に教科書で『稲むらの火』を習ったので「大きな地震が来たら潮が引いてから津波が来る」ことを知っていたからだった。

「まずは潮が引いてから津波が来る」という先入観で見ていたが、海の様子は一〇分ほど何ともなかったので、津波が来ないと思い、そのまま家に帰って二階で寝ていた。その後「『水が来た』と外の人が言っている」という家族の言葉で津波が来たことを知った。当時は空襲が多かったので、はじめから貴重品などを袋に入れて逃げる用意していた。

外に出たところ、足の不自由なおばさんが避難できずに戻ってきたので、おばさんを背負って当時の小学校まで避難した。一つ前の安政の津波（一八五四年）の浸水状況を知っていたため「小学校ならば小高いし津波が来ない」と判断した。おばさんを小学校で降ろして再び海へ戻る途中、近所の女性から「赤ん坊を助けてやってくれ」と頼まれ、赤ん坊を抱いて女性の手を引っ張りながら、再び小学校まで避難させた。避難の手助けをしたあと、三度、海を見るために戻っていった。

「津波を見たい」という好奇心で海の方へ走っていったが、海へ戻る途中、たくさんの家が津波に押し流されて丸ごと「グーッ」と向かってきた。流されてきた家がそばにあった家にぶつかって、爆弾が落ちたような音と土煙が立ち上がった。その時、ちらっと水の際が見えたので「ああ、これが津波かな」と思った。

近くの山に登って難を逃れることができた。山から見た町は、一面の海で、山の近くの家は全部打ち上がっていた。頭は真っ白で茫然としてしまい、恐怖心もなく、家族のことも考えられなかった。そのうち、ガレキや船を巻き込んだ泥の水が引き潮となり、ものすごい音とスピードで引いていった。しかしその時もまだ茫然としていて「ああ、汚いな」と思っただけだった。湾の水がなくなるまで引いていき、今まで見たことがないすり鉢のような湾の底が見えた。町中が流されて障害物もないところを、第三波はスーッと上がってきた。打ち上げられた家の屋根の瓦が動いて人間の頭らしきものが浮いて動いているのが見えたため、駆け寄って老夫婦を引っ張り上げて助けた。

津波が収まったあと山を下りたが、ガレキで通ることができず、山沿いに金蔵寺まで行った。途中の親戚の家の近くの階段で、父と姉に会うことができた。「この常会《じょうかい》（小さな単位の町内会のようなもの）は小学校へ避難せよ」という指令が来たため、皆でガレキを渡って旧小学校へ向かった。学校では、常会で一つの教室が割り当てられ、にぎり飯などを配給してもらって食べた。三晩ほど学校に泊まったあと、津波に浸からなかった親戚の家の世話になった。

家も船も流され、住んでいた地域は何もなくなってしまった。船は現在の小学校あたりで見つかり、コロのようなもので湾に引っ張っていった。大きな鉄船の泥かけ船も流され、海へ運ぶことができず解体された。青年団・警防団・婦人会など、村中の組織が総出で復興に取り組んだ。津波から一〇日後、青年団代表として船で尾鷲（三重県尾鷲市、錦の南西）へ救援物資を取りに行った。

親戚の家には二ヵ月ほどお世話になったあと、六畳一間の粗末なバラックを配給でもらい、そこに移った。布団もなく、ガレキや木くずを持って来ては火鉢で燃やして暖をとった。津波で流されたサツマイモを拾うなどして食べ物には苦労したが、水は山から流れてくるので困らなかった。津波で流されたため、着るものと履くものには困った。漁村なので早くに船を通して商売ができるようになり、津波から二ヵ月後にはブリ敷き（ブリの定置網）をしていた。津波から約半年後の五月に兵隊に行き、約三ヵ月後の八月に終戦を迎え、その三ヵ月後の一一月に漁師に戻った。

「バラックに二年住んだら危ない」という大工の言葉で、バラックを出て、親戚の借家に入った。海岸を埋め立てて土地の地上げをして道路も拡張した結果、家があった跡の土地も一メートル地面が高くなった。借家に三年くらい住み、津波から数えて五年後にはもとの家の跡に新しい家を建てた。台風の備えをしている家は多くあるけど、漁師は海が近いことが大切なので、津波の備えをしている家はない。

戦争中に漁ができなかったこともあり、戦後の漁は大量にブリ・アジ・サバが捕れた。魚は闇市で売り、インフレも重なり、漁師は普通の月給取りよりも良い商売だった。

「地震が起こったら津波が来る」ことについては知っておくべきである。ただ、現在、学校やマスコミがあるので、子どもたちには特に津波については話をしていない。

なお、このインタビューは二〇〇七年八月三〇日に行われたものをもとにして作成した。西村の体験を詳しく追っていく。

地震の揺れ

「ゴーッ」という海鳴りのような異様な音がして地震が起きた。

揺れがだんだんと大きくなっていくなか、一階へ降りて、姉の手を振り払って浜へ様子を見に行った。

Q）昭和一九年一二月七日に地震があった時には、浪治さんは何をしていたのですか。

当時、一八歳で漁師をやっていました。おやじは、漁師をしていたけど体を壊して戦争の時にはもう漁師ができなくなっていたな。それで、私はずっと夜の漁をやっていたけど、当時は空襲があったりして灯火管制《とうかかんせい》（上空から町・村の様子を見えないようにするため、家屋その他の灯火を覆い隠して、光が外に漏れないようにする戦時中の対策）で夜の漁ができなくなった。それでもう、ほとんど漁師としては遊んでいる毎日で、われわれ若いもんは、毎日、軍事教練（青少年以上を対象として行った軍事教育・訓練）をしたり、防空壕を掘ったりばっかりだったな。

Q）それで地震が起こった……。

昼の一時過ぎで、ちょうどその時は家にいました。うちは昔から、この海岸近くの場所にあってね。それで、まずは山鳴りというか、海鳴りというか、「ゴーッ」て初めて聞いたような異様な音がした。それから地震の揺れが始まった。

Q）地震の揺れはどんな感じだったのですか。

揺れが始まって「あっ地震だな」って。それがだんだん大きくなってきて、「結構大きな地震だな」と思ったら、はっと一瞬、一秒ぐらい止まったかな。それからガタガタッと上下に揺れる感じだった。そのあと、ゆったりと横に揺れだした。

Q）家にはご家族はいらっしゃったのですか。

当時の家には、自分と三歳上の姉と父とおばさん（父の姉）がいました。それで地震が起きた時に、私は二階からパーッと降りた。その時はもうすごい大きな横揺れになっていた。すると一階に姉がいて「パッ」と私をつかんで離さなくてね。それを振りちぎって、家と家がぶつかるくらい大きな横揺れのなか、浜へ様子を見にいきました。

浜への移動

小学生の時に教科書で『稲むらの火』を習ったので「大きな地震が来たら津波が来る」ことを知っていたが、「まずは潮が引いてから津波が来る」という先入観があった。

海の様子は一〇分ほど何ともなかったので、津波は来ないと思い、そのまま家に帰って二階で寝ていた。「『水が来た』と外の人が言っている」という家族の言葉で津波が来たことを知った。

当時は空襲が多かったので、はじめから貴重品などを袋に入れて用意していた。

Q）なぜ浜へ行ったのですか。

船の様子が気になったからな。「大きな地震が起きたら津波が来る」って、子どもの時分から聞いていたしね。ちょうど昭和一二年かその辺の時に、尋常小学校の教科書で『稲むらの火』を読んで記憶を持っていたんです。ただ、それもあったから「まずは潮が引いてから津波が来る」っていう先入観があって、海を見に行きたかったんだね。

それで一〇分くらい見ていたけど、引いてくる様子もないし「ああ、大丈夫だろう」「津波は来ないだろう」と思って、またうちに戻って来た（図35）。

図35 「まずは潮が引いてから津波が来る」と聞いていたので，大きな横揺れが続く中を浜まで行って様子を見た．しかし，潮が引く気配はなく，家に帰った（西村の体験談は阪野画）．

Q）家から浜までの道すがらで、何か地震の被害のようなものはありましたか。

どの家も倒れていなかったし、家具も何ともなかったね。

Q）浜から戻った時、家の様子はどうでしたか。

おばさんは手足が不自由だったので、先に避難をしていました。一番上の姉の嫁ぎ先が、谷口孝之さんといって少し高台に家があるもんでそこに行ったんだね。自分は姉に「自分もそこへ一応、行くわ」って言ったまま二階へ上がって、ごろっと寝転んだ（笑）。

Q）そのまま避難せずに二階に行った……。

二階の壁土が剥がれていたので、そこをほうきで掃いて、寝転んでいたら、その時、第一波が来たんじゃないかな。それで一階にいた姉が「外におる人が『水が来た』って言うとるぞ！」って。それで「そうか」って言って私は一階に降りて通りを見たら、五〇メートル先まで水が来ていた。

Q）水はどのくらいの高さだったのですか。

海沿いの海岸通りで、ひざのあたりぐらいじゃないかな。ここらでは大潮や高潮でも海岸線に乗るぐらいの程度だから、ここまで越えては来ない。おそらくそれが第一波だと思う。

Q）何か避難するための準備はしていたのですか。

当時は空襲が多かったから、はじめから貴重品を麻袋のようなものに入れていたんだね。貴重品っても、当時のことだから、先祖の位牌やちょっとした手提げ金庫とかそんなもの。それを背中に負ぶって逃げた。

避難の手助け

足の不自由なおばさんが避難できずに戻ってきたので、おばさんを背負って旧小学校まで避難した。一つ前の安政の津波（一八五四年）の浸水状況を知っていたため「小学校ならば小高いし津波が来ない」と判断した。

再び海へ戻る途中、近所の女性から「赤ん坊を助けてやってくれ」と頼まれ、赤ん坊を抱いて女性の手を引っ張りながら、再び小学校まで避難させた。

避難の手助けをしたあと、海を見るために、三度、戻っていった。

Q）麻袋を背負って避難をした……。

それで道を見たところ、足の不自由な私のおばさんが、よちよちとこっちの方へ戻ってきていた。孝之さんのところへ行くつもりだったけど、津波が来てしまったから水で行くことができなかったんじゃないかな（図36）。

Q）避難したはずのおばさんが戻って来てしまった……。

それで私は、おばさんをおぶって、水が来ていないもっと小高いところにある当時の小学校（現在は移転）まで行きました。小学校に行ったところ、人も大勢いるし安心なので、そのままグラウンドにおばさんを置いたわけ（図37）。

Q）当時の小学校のところが安全だと思ったのはどうしてですか。
それは、小高いところにあるし、「この津波より一つ前の安政の時には、親戚の西村菊年さんのところまで津波が来た」っていうことを聞いていたからね。ちょうどそこの家の標高と小学校の運動場が同じくらいだったし、それで「安全」と当時の私は判断しました。
Q）その後、浪治さんはどうしたのですか。
おばさんを置いて、また海の方に戻っていったんだけど、途中まで戻ったところで、避難するためにみんなが自分の方

図36　地震後の移動経路

図37　家で寝ていると「水が来た」という声がして外へ飛び出た．避難したはずの足の悪いおばさんが，まだ道をうろうろしていたので，背負って高台の小学校まで運んだ．

に向かって登ってくる。

Q）みんなあわてふためいて避難してきたのですか。

いいや、それほどではない。走っている人まではいなかった。どちらかというと、みなぞろぞろと半信半疑でわからないままに歩いている感じ。ただ、その中に近所の女の人がいて、生まれたばかりの赤ん坊を抱いて「この子を助けてくれないか」と私に言ってきた。そこで、私がその子を抱いて、女の人の手を引っ張って、また小学校まで来た。

Q）再び小学校に戻ってきた……。

それで「小学校なら小高いし人も大勢いて安心だ」という同じ理由で「ここから動くな」ってそこへ置いといて、それからまた戻っていった。

第二波の到来

「津波を見たい」という好奇心で、海の方へ走っていった。

海へ戻る途中、たくさんの家が津波に押し流されて丸ごと「グーッ」と向かってきた。

流されてきた家がそばにあった家にぶつかって、爆弾が落ちたような音と土煙が立ち上がった。

そばにあった家にぶつかった時、ちらっと水の際が見えたので「ああ、これが津波かな」と思った。

Q）なぜ避難場所から海の方へ戻っていったのですか。

それというのは正直言うと、私は好奇心で戻っているわけ。避難したのも怖いから避難したわけではない。まだこの時は大きな波が来ていなかったから「津波を見たい」という好奇心で、海の方へ走っていったわけ。

Q）それで海岸まで戻っていった……。

それが、半分くらい戻った大丸商店の辺りまで来たら、波はないし水も見えないのだけど、たくさんの家が丸ごと「グーッ」とこっちに向かって迫ってくる。今考えると、家が津波に押し流されて来たんだね。そしてその直後に、爆弾が落ちたようなものすごい音とともに、土煙が立ち上がった（図38）。

Q）すごい音と土煙が立ち上がった……。

流されてきた家が、ちょうど私が立っていた手前の家にぶつかって、その家の壁土が舞い上がった。そいで、ちらっと水の際が見えたので「ああ、これが津波かな」と思った。

Q）その時にはまわりに人はいましたか。

いや、もう自分一人しかいなかったな。

図38　3度，津波を見ようと浜へ向かうと，家が動いて自分に迫ってきた．その直後，波も水も見えない中で押し流された家同士がぶつかり，大きな音と土煙が上がった．

津波からの避難

近くの山に登って難を逃れることができた。

山から見た町は、一面の海で、山の近くの家は全部打ち上がっていた。

頭は真っ白で茫然としてしまい、恐怖心もなく家族のことも考えられなかった。

Q）その後、浪治さんはどうしたのですか。

それで急いで近くの釜《かま》土《ど》町《ちょう》のところの山にサーッと逃げて、ちゃっと登った。ちゃんと学校へ避難していたら津波も遠くにあったろうけど、好奇心で山に登ったからもう目の前には一面の海、もう何もない（笑）。

Q）もしかしたら、子ども連れの親子が浪治さんを津波から救ったのかもしれないですね。

そうだな。海岸の方まで戻っていた時に大きな津波が来たならば助からないと思う。偶然に物が流れてきて、それをパッとつかんで、その上でスーッと流れていったならば大丈夫かもしれないけど。まあ、よっぽど奇跡だな（笑）。

Q）山に逃げたら、町一面が海だったのですね。

山の近くの家は、全部山側まで打ち上げられてしまった。それ以外の家とかは、津波に飲み込まれてしまった感じ。

Q）その時の浪治さんはどんな気持ちだったのですか。

いや、もう、頭が真っ白になっていたというか、「ああ、うちがない」って茫然としてしまったというか。恐怖心も全然なかった。「家族は大丈夫だろうか」とか何とか、そんなこと何にも考えられない状態だった。

Q）周りには誰かいたのですか。

何人かはいたと思うけど、もうそんなこともよく覚えていない。それくらいその時は茫然としていました。

引き潮

ガレキや船を巻き込んだ泥の水が引き潮となり、ものすごい音とスピードで引いていった。その時もまだ茫然としていて「ああ、汚いな」と思っただけだった。湾の水がなくなるまで引いていき、今まで見たことがないすり鉢のような湾の底が見えた。

Q）とにかく海になってしまった町を眺めていた……。

それからしばらくして引き潮が始まった。その引き潮の流れる音とスピードがすごかった。ちょうど鳴門《なると》の渦の引き潮と同じように「ザーッ」と、ガレキや船を巻き込んだ泥濁りの茶色い水がものすごいスピードで引いていった。もちろん鳴門と違って、渦は巻かないけれど、とにかくすごい音とスピードだった。で、その時も、まだ茫然としながら「ああ、汚いな」とだけ思っていた。

Q）人なども流されていたのを見ましたか。

それは、見えなかったたな。家と家がぶつかり、ぐっとつぶれたりする様子に、あっけにとられていたな。
Q）それでどんどん潮が引いていった……。
それで引き潮もすごくて、この湾の水がなくなるまで引いていって、今まで見たことがない湾の底が見えた。すり鉢みたいな湾の底で、真ん中だけ水たまりになってほとんど引いてしまった。錦の港は、真ん中が水深一〇メートルくらいだから、それが丸ごと見えてしまった（図39）。

図39　しばらくすると，茶色の濁った水が，ガレキや船を巻き込みながらすごい勢いで引いていった．今まで見たことがない湾の底が見えた．

図40　津波は何度も来た．何回目かの大波で家が打ち寄せられ，屋根瓦が動いて中から頭が見えた．駆け寄って，その場にいた人と協力して老夫婦を助け出した．

第三波の到来

町中が流されて障害物もないところを、第三波はスーッと上がってきた。打ち上げられた家の屋根の瓦が動いて、人間の頭が浮いているのが見えたため、駆け寄って老夫婦を引っ張り上げた。

Q）そして次にまた水が上がってきたのですか。

第三波はよく覚えていないけど三時頃かな。すっと潮が満ちてくる感じと同じで、その規模の大きなやつだった。それで障害物があると「ガーッ」と波が割れて音を立てたりするけど、もうみんな流されて障害物がなかったから、スーッと水が上がってきた。

Q）水が上がってきて、どうなったのですか。

実は、第三波はあんまり見ていない。というのもこの時のことだけど、家が何軒も山すそに打ち上がったような形になって「ギギギギ」っと音をしながら浮いていた。そしたらその中の、大きな家の屋根の瓦が動いたんだよ。それで、人間の頭がそこから浮いていて、私ともう一人いたかな、これにパーッと駆け寄っていって、そこから老夫婦二人を引っ張り上げて助けたんだね（図40）。

Q）屋根から頭が見えた……。

その家は二階建てで背の高い家だったもんで、老夫婦は、あえて二階に逃げて、そのまま天井裏に逃げたんじゃないかな。それで、天井裏には隙間と空気があったからそれまではよかった。ただ、第三波の水が天井裏までやって来たもんだから、屋根の瓦を破って出ようとしたんじゃないかな。

Q）老夫婦は大丈夫だったのですか。

当時六〇代くらいでかなり年寄りだったんでね、とりあえず私らは抱きながら屋根づたいに移動して、その頃にはこの辺にも大人が三～四人来ていたので、その人らに渡しました。もちろん年寄りで疲れてはいたと思うけど、おばあさんはしっかりはしていたね。ただおじいさんは恐怖で怯えているような感じで、そのまま気落ちしてしまって、しばらくして亡くなってしまいました。

津波後の避難

山を下りたがガレキで通行することができず、山沿いに金蔵寺まで行った。

途中の親戚の家の近くの階段で、父と姉に会うことができた。

「この常会は小学校へ避難せよ」という指令が来たため、皆でガレキを渡って小学校へ行った。

常会で一つの教室が割り当てられ、にぎり飯などを配給でもらって食べた。

三晩ほど学校に泊まったあと、津波に浸からなかった親戚の家の世話になった。

Q）第三波のあとは、どうしたのですか。

それで大分落ち着いてきたので「もう津波は来ないな」と思って、山を下りて、津波に遭った大丸商店の手前まで来た。でも、そこはもうずっとガレキで先に行けないんだね。で、この辺に来て初めて「あっ、家族はどうしているだろう」と思った（笑）。それで、もう一度、山に登って、山沿いに金蔵寺まで行った。

Q）山沿いに金蔵寺まで抜ける道があるのですか。

いや、道はなかったけど（笑）。ただ、ここは子どもがしょっちゅう遊んでいるところで、けもの道のようになっていて私らはよくわかっていたので、ちゃんと行くことができた。

それで、金蔵寺に行く途中に、親戚の谷口孝之さんのところに降りていく階段があって、そこの段の途中に父親と姉がいました。

Q）まだ明るいうちでしたか。

あまり細かい時間は忘れてしまったけど、一二月七日でもまだまだ明るい時間だった。それでそのまま金蔵寺に行ったら、人がいっぱいだった。ここでしばらくみんなとしゃべっていたら、ちょっと日暮れになってきた。

すると、私らの住んでいる築地町《つきじちょう》の常会（小さな単位の町内会のようなもの）は「小学校へ避難せよ」と指令が来た。それで、常会の人間は全員、海岸を通ってガレキを渡って、当時の小学校に入った。

Q）小学校に着いた時には暗くなっていた……。

まあ冬のことなので暗くなっていた。それで「築地町はどこどこの教室」と言われて、みんなで一つの教室に入りました。

Q）食べるものなどの配給はあったのですか。

山間部にある隣の柏崎《かしわざき》（伊勢柏崎：大紀町崎《さき》）かどこからか、にぎり飯を持って来てくれてね、今で言ったら救援物質だな、それを配給でもらって食べました。

Q）小学校にはいつ頃まで居たのですか。

三晩くらい泊まったかな。それで、錦神社の近くに住んでいた上町の西村正利《しょうり》さんという親戚のうちに家族みんなで厄介になってね。正利さんの家の辺りは安政の時もこの時も津波に浸らなかったからね。

家や船の被害

家も船も流され、住んでいた地域は何もなくなってしまった。

船は現在の小学校辺りで見つかり、コロのようなもので湾に引っ張っていった。

大きな鉄船の泥かけ船も流され、海へ運ぶことができず解体された。

Q）浪治さんの家や船はどうなったのですか。

家も船も流された。だから私のうちは片付けも何にもない（笑）。津波前の家は、石を二〜三段積んだ上に建てて、この辺りでは結構背の高い家だった。もちろん津波にはまったく意味がなかったわけだけどね。津波の後は、その石がゴロゴロって落ちて、それで挽き臼と、もちつく臼と、ボーンと地面に座っていた。あとは何にもない。

Q）周辺の家はどうでしたか。

ここら辺はきれいさっぱりなくなっていたな。

Q）船も流されてしまったのですか。

船も流された。私の漁船は、エンジンは付いているけど、まだ二トンか三トンの小さい船で、あとでずーっと探したら、現在の小学校の体育館があるところまで流されていた。

Q）大きな船も流れてしまったのですか。

ちょうど、築地町の今の魚市場がある辺りに、当時、泥かけ船っていう下から泥を掘る船があって、鉄製の割と大きな船だった。それも浮いて、今の小学校のところまで流れてしまったくらいだった。

今でも人々の中には「鉄船が浮いて流された時に、家がばらばらとやられてしまった」と言う人がいるけど、まあ見た人がいないからな。ただ私は、鉄船が浮くまでには家はみんな浮いて流されてしまったと思っているけどな。

Q）流された鉄船はどうやって海に戻したのですか。

それはもう解体するしかない。私の船とかは、小さい船でコロのようなもので湾に引っ張っていけたけど、鉄船はもうどうしようもなくてその場で解体したね。

地域での活動

青年団・警防団・婦人会など、村中の組織が総出で復興に取り組んだ。

津波から一〇日後、青年団代表として船で尾鷲へ救援物資を取りに行った。

Q）親戚の家に身を寄せながら、毎日どんな感じのことをしたのですか。

青年団が何をやる、警防団が何をやる、婦人会が何をやると、皆で分担して、主に、私ら青年団は物資を運んだり、後片付けをしたりした。あの頃は戦時中で皆が仕事をしていないような状態だったので、もう村中が総出で復興に取り組みました。

Q）地域のいろいろな組織が活躍したのですか。

青年団、警防団、国防婦人会、在郷軍人、救済会と、当時はああいう組織はいっぱいあった。あの時は、警防団が一番力を持っていたな（笑）。

Q）他に記憶に残っている活動はありますか。

津波から一〇日くらい経ってから、青年団が尾鷲（尾鷲市）へ船で救援物資をもらいに行った。私は青年団のずっと上の方だったので、代表で何人か連れて船に乗っていった。もらった救援物資がどんなものか、はっきり見てはいないんだけど、食料とか衣料だったろうね。

Q）尾鷲も津波でひどいことになっていましたか。

海岸線はガレキで埋まっていたけど、川沿いのところは大きな船も入れるし、一本道を入ると普通だった。尾鷲の駅なんかも高いところにあるから、普通にしていたな。

バラックでの生活

親戚の家に二ヵ月ほどお世話になった。

六畳一間の粗末なバラックを配給でもらい、そこに移った。

布団もなく、ガレキや木くずを持って来ては火鉢で燃やして暖をとった。

津波で流されたサツマイモを拾うなどして食べ物には苦労したが、水は山から流れてくるので困らなかった。

津波で流されたため、着るものと履くものには困った。

Q）親戚の家にはいつ頃までいたのですか。

一二月七日に地震があって、正月にはまだいて、たしか二月頃までかな。

二月になって、私が津波に遭遇した例の大丸商店の跡地に、一〇軒ぐらい六畳一間のバラックが建った。もちろん今の仮設住宅のような立派なものではなくて、トイレとかも別になっている粗末なバラック。このバラックの配給をもらって、そこに移った。

Q）バラックは誰が建てたのですか。

地元とよそから来た大工さん。バラックって、柱を掘って埋めて、板をパッパパッパパと張って、それだけ。畳も何もない。

Q）そこにむしろを敷いて寝るのですか。

むしろを敷くことはできるけど、布団がない。二月の寒い時に、布団なしで寝た。それで寒いので、火鉢を作って、がれきや木くずを持ってきてボンボンボンボン火をたいて。とにかく燃やすものはたくさんあったからな（笑）。

Q）手足の不自由なおばさんも一緒に住んだのですか。

いや、おばさんは、孝之さんのところに避難したまま、その家の世話になっていたね。孝之さんの家は津波でもやられてないしね。

Q）食べ物はどうしたのですか。

津波の来る一〇日ほど前にサツマイモの配給があった。それも一家族二〇キロとか三〇キロとかで食べきれない量。それで、どの家族も、床下を掘ったりしてしまっていたのだけど、それが津波で流れてゴロゴロ転がっている。それを集めてガレキで火をたいて、イモを焼いて食べてという生活だった。米は配給だったし、魚も漁になかなか行けないから、食べ物には苦労したな。

Q）水はどうでしたか。

井戸は大丈夫だった。この辺は山の方から流れてくるから、水はそう困らなかったな。当時の小学校の周辺の井戸など

図41　山の水のため，井戸は無事で水には困らなかった．しかし，衣服や布団，履物などの入手には苦労した．バラック生活はとても寒く，木屑を燃やして暖をとった．

は、水の勢いも強かった（図41）。

Q）生活する中で、一番困ったものは何ですか。

着るものと履くものだなあ。食べる物はもう、津波が来なくても当時は戦争中で困っていたから、そういう意味では何とも思わなかった（笑）。それと津波の前に、私は銃剣術の試合に行って、優勝したんです。それで、編み上げのズック（布靴）をもらってね。津波の時に、それを持たずに逃げた。それが惜しかった（笑）。

ただ救援物資もあって、一ヵ月もしないうちに山間部の柏崎の方から古着や布団などの救援物資が届いた。当時は戦争をしていて物資がなくて、配給制だし、親戚も私たちと同じく物がないので、ありがたかったな。

仕事の再開

漁村なので早くに船を通して商売ができるようになり、津波から二ヵ月後にはブリ敷き（ブリの定置網）をしていた。

津波から半年後に兵隊に行き、終戦後の一一月に漁師に戻った。

Q）漁師としての仕事は再開できたのですか。

ここが漁村だから、とにかく船を通して商売ができるようにした。家を建てるよりもこっちの方が優先度が高い（笑）。それで一二月の津波のあと、もう二月の始め頃にはブリ敷き（ブリの定置網）に乗って商売をしていたな。

Q）その後も漁師を続けた……。

私は一八歳でね。地震からおよそ半年後の五月の末頃、私は兵隊に行ったんだね。大竹（広島県大竹市）、松山（愛媛県松山市）と行って、八月の終戦の時は、岩国（山口県岩国市）の海軍航空隊にいました。この意味では、津波よりも兵隊に行ったことの方が印象に残っているなあ（笑）。

Q）戦争が終わって錦に戻って来た。

そう。バラックから兵隊に行って、八月二〇日に兵隊から帰ってきて再びバラックでの生活だったな（笑）。

Q）早く戻れたのですね。

というのも、終戦のあとに「戦争はこれからや！」と思って、本土決戦に備えて鉄剣して実弾持っていたら、呉（広島県呉市）から偉いさんが来て「きさまら、天皇陛下の命に背くんか！　天皇陛下が終戦と言ったんや、その命に背くんか！」その一声であっけなく解散（笑）。今の時代、あんたらに言うと笑い話になるけどね、その時は真剣。

Q）そのあと漁師に戻ったのですか。

漁師に戻ったのは、その秋、一一月ぐらいだな。ブリ大敷（ブリの大敷網の漁船）に乗ってな。

借家から新しい家へ

「バラックに二年住んだら危ない」という大工の言葉で、親戚の借家に入った。

海岸を埋め立てて土地の地上げをして道路も拡張した結果、家があった跡の土地も一メートル高くなった。

借家に三年くらい住み、津波から数えて五年後にはもとの家の跡に新しい家を建てた。

台風の備えをしている家は多くあるけど、津波の備えをしている家はない。

Q）バラックにはいつ頃まで住んでいましたか。

それがバラックを建ててくれた大工さんが「最高二年住んだら危ないから出てくれ」と言う。そんな「いい仕事してない」と（笑）。それで、一番上の姉が嫁いだ谷口孝之さんの兄弟が鯛屋旅館をやっていて、そこが旅館の前に借家を持っていたので、バラックに一年半ぐらい住んでいたあと、そこに移りました。

Q）借家にいた間も漁師を続けていたのですか。

もちろん。それでその間、漁師たちも他の人たちも交代交代で復興しました。特に、海岸線から埋め立てをして土地の地上げをした。地上げって文字通り地面をかさ上げする方（笑）。海岸通りの道路も避難道路にするために、一メートルくらいかさ上げした上で拡張しました。私の屋敷のところも津波の前よりは一メートルぐらい高くなって。

Q）借家にはいつ頃まで住んでいたのですか。

昭和二四年までだから三年くらいかな。建てたのはもともとの家の跡。二階建てで、部屋は座敷が四畳半で、部屋が三畳、お勝手六畳。それに表は納戸があって船が入っていた。

Q）津波の前の家と後の家とで、何か津波のことを考えて変えたことはありますか。

たぶん全然ないんじゃないかな。私らは漁師だからね。普段の生活で海に近いことが大切。その意味で、おそらく津波のことを考えて、建てた家というのは一軒もないと思うんだけどな。台風の態勢はとっても、津波のはないと思う。

Q）台風に対しては何かしているのですか。

うちは特に何もしていないけど、一丈三尺（約三・九メートル）くらいの低い家で、二階は中二階のような天井がつかえる家。台風に備えて、風で家が持って行かれないように家を高くしない。この辺りは、皆、そういう家ばっかりだな。

お金の工面

戦争中に漁ができなかったこともあり、戦後の漁は大量にブリ・アジ・サバが捕れた。魚は闇市で売り、インフレも重なり、漁師は普通の月給取りよりも良い商売だった。

Q）お金を工面するのも大変だったのではないですか。

とにかく終戦になって世の中が一八〇度、変わってしまった。それで戦時中、何にも漁ができなかった時に、魚は悠々と泳いでいたわけ。それで戦後すぐは、大漁だった。ブリ・アジ・サバ。それで闇《やみ》（闇市）で魚を売ってね。あとインフレもあった。

Q）戦争中とはまったく世の中が変わってしまった……。

戦時中に私が兵隊に行く時、私の兄貴は戦死したんだけど、おやじが「兄貴が戦死したための扶助料とか何とか一万九〇〇〇円ある。おまえが兵隊へ行っても、私の姉と二人は当分生活できるから心配するな」って言って送り出してくれたけど、兵隊から帰ってきたら一万九〇〇〇円なんて一ヵ月の小遣い。それだけ変わったわけ。

Q）月給取りの人は大変だったでしょうね。

あの当時は、月給取りやサラリーマン、農協とか役場、この辺ではそれくらいだけど、あんな職業になるのは、当時はバカにしていた。「何だ役場の小使いか、漁師に向かないから役場に入ったんだろう」って。漁師はそのくらい儲かった。一ヵ月の給料は一晩で稼げた。そんな時代は、今となっては、もう夢のよう（笑）。

津波の備え

「地震が起こったら津波が来る」ことについては知っておくべき。

学校やマスコミがあるので、子どもたちには特に津波については話をしていない。

Q）津波からの備えについてどう思いますか。

避難の意識づけは、やっぱり必要だと思う。私らは小さい時から、「地震が起きたら津波が来るぞ」と。それと同じことだね。

二〇〇四年の地震（紀伊半島南東沖地震）の時には、ちょうど夕方の地震（一九時七分）で風呂に行っていて「おっ、これだったらもう一回地震が来るか？」と思った。そう思ったら夜中（二三時五七分）に大きな揺れがきた。ただ、経験では「こんな小さな短い揺れで津波が来るか？」という感じではあった。ただ消防団が回っていたからな、正直なところ町の義理で避難した感じかもしれんな（笑）。

Q）子どもたちに津波の話をすることはありますか。

まあ、聞かれたら話をするけども、あえて言わなくても大概は知っているんじゃないか。今、学校でも教えるし、それからマスコミもあるしな。

Q）ありがとうございました。

二　『稲むらの火』

物語『稲むらの火』のモデル

西村のインタビューからは、ある一つの事例における教訓を、他の事例にも適用できる普遍的な知識として理解してしまうことの危険性をうかがうことができる。インタビューから、漁師として船の様子が気になったこと、小学校の時に習った教科書の知識によって「まずは潮が引いてから津波が来る」という先入観があったことによって、海に行って一〇分くらい様子を見ていたことがわかる。これは「『稲むらの火』の功罪」として議論すべき問題である。

『稲むらの火』とは、一九三七年（昭和一二）から四七年まで、小学校五年の国語読本に掲載された物語である。「高台に住む庄屋の五兵衛が、地震のあと海水の異常に気づき、収穫したばかりの稲むら（稲束）に火を放って、消火にかけつけた村人全員を津波から救った」という物語（フィクション）である。現在でも不朽の防災教材としてよく引用される（図42）。

原作者は小泉八雲（ラフカディオ・ハーン）。一八五四年（嘉永七）安政南海地震津波における、紀州広村《ひろ》（現和歌山県有田郡《ありだ》広川町《ひろがわ》広）の浜口儀兵衛《ぎへえ》（号は梧陵《ごりょう》、当時三四歳）の話を素材としている。儀兵衛は銚子（現千葉県銚子市）で醤油醸造業（ヤマサ醤油）を営む浜口家（広村出身）の第七代当主だが、地震の時は郷里にいた。安政南海地震の激烈な揺れに続く海の轟きで津波を知った儀兵衛は、自らも波に倒されながら稲むら（この場合は時期的に脱穀後の「わら」）に火を放って、暗夜に逃げ遅れた村人を高台に導き救った。その結果、一七〇七年（宝永四）の宝永地震津波では三〇〇人近い死者が出た広村だったが、この時は三六人で済んだ（ただし、宝永地震津波の波高が一四メートルだったのに対して、安政南海地震津波の波高は八メートル）。この話に感銘を受けた小泉八雲は、一八九六年（明治二九）の明治三陸地震津波（死者約二万二〇〇〇人）の直後に〝A Living God〟（生ける神）という短編を書いた。これを和歌山県日高郡南部小学校教員の中井常蔵《なかいつねぞう》が教材化し、文部省の教材公募に入選し、小学校国語教科書に掲載されたものである。

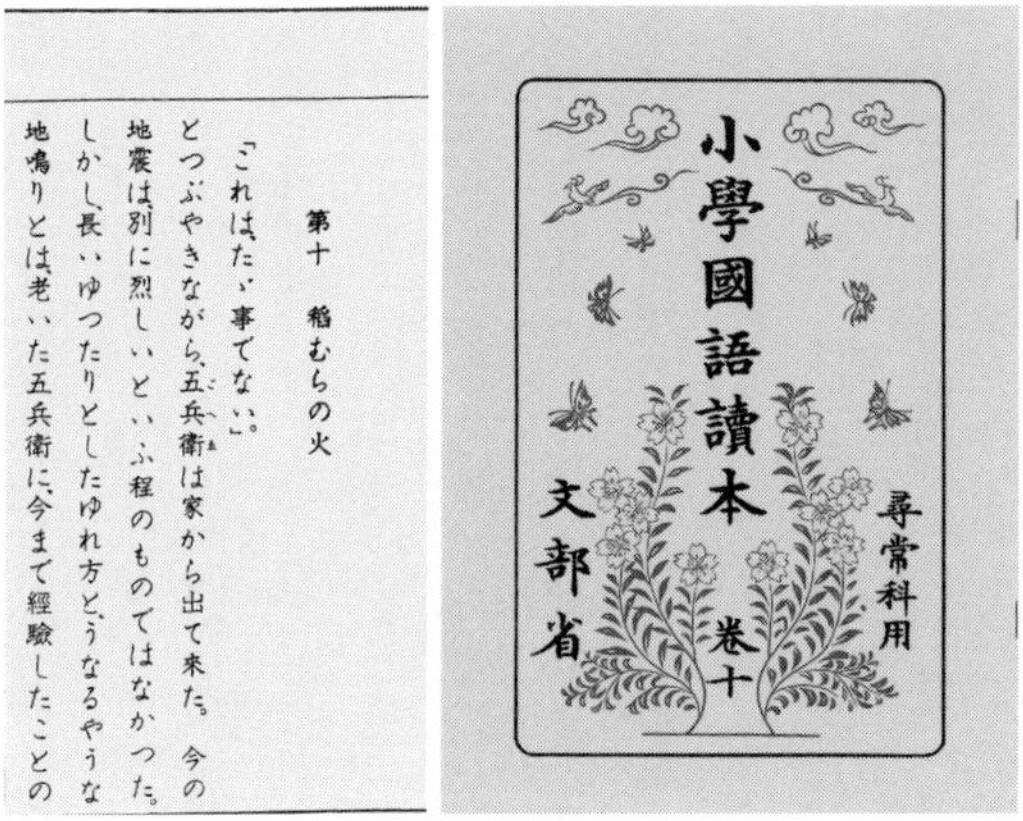

図42　『稲むらの火』

物語の功罪

『稲むらの火』自体はフィクションである。主人公の名前も五兵衛と変えて、年齢も老人とし、具体的な地名や地震名は一切、触れられておらず、普遍的な物語として描かれている。物語では、高台にあった家で長くゆっくりした揺れから津波を予知して、収穫直後の稲むらに犠牲的精神から火を付けて、村人に津波襲来を知らせたとなっている。しかし実話では、低地の集落にいて津波襲来後に津波に襲われながらも住民に安全な避難路・場所を示すために脱穀後のわらに火を付けている。また物語には書かれていないが、実話では、津波のあと、村人救済と将来の津波に備えて、私財を投じて四年がかりで海岸に長さ六〇〇メートルの大防潮堤（広村堤防）を築いた。これによって、九二年後の一九四六年（昭和二一）昭和南海地震津波から、村は護られたのである。実話の儀兵衛の防災・減災に対する見識の高さと貢献は、むしろこのことにあると評価する研究者も多い（北原他　二〇一二、稲むらの火の館ホームページ、気象庁ホームページ〈稲むらの火〉など）。

このような形で『稲むらの火』の物語は、当時の小学生の防災教育・津波への意識啓発に多大な貢献をしたが、普遍的な物語として描かれてしまったために、「いったん潮が引いてから津波が来る」という必ずしもすべての場合に当てはまるわけではない事象まで普遍的なものとして書かれてしまったことは悲劇である。犠牲者へインタビューすることはできないが「引き潮を確認するために海に行き亡くなった」という被災者も存在する可能性がある。「科学的に正しい事象なのか」「その事象が特異な現象なのか普遍的な現象なのか」までを含めた形で防災教育を行う必要性がある。「正しく理解し、正しく恐れて、適切に行動する」ことが必要なのである。

そして、二〇一一年度から光村図書出版の小学校五年国語の教科書において『百年後のふるさとを守る』が採用された。ここには『稲むらの火』の内容が盛り込まれている。執筆者は防災学者・河川工学者の河田惠昭である。『稲むらの火』の物語の概要を紹介した上で、主人公の名前も儀兵衛に戻し、より史実に基づく形で執筆されている。さらに復興における儀兵衛の偉業、将来への防災・減災の視点についても多く取りあげられている。そして「津波は必ずしも引き波で始まるわけではない」ことについても、現在の科学的な視点のもとに描かれている（河田　二〇一一）。

言い伝えの危険性

「津波が来るまでご飯を炊く時間がある」。津波常襲地域であった三重県の各地においては、過去の体験者による教訓等の言い伝えも残っている。ただしそれらは、一回の体験をもとにした教訓であり、科学的根拠の乏しい、条件つきでしか正しくないものも多い。特に体験談を拾っていくと、「地震のあと津波が来るまで、御飯を炊く時間は十分あるので、御飯は炊いておけ」という言い伝えが、当時、広く浸透しており、「こんなはずではなかった」という体験談も見られる。

たとえば、尾鷲市矢浜《やのはま》地区における東南海地震の体験談によると、「津波が来るのが早くて地震よりも恐ろしかった。自分と子供が必死に逃げるのに一生懸命だった。津波が来るまでに御飯を炊く時間等ありません」（野田美代・当時二三歳・尾鷲市矢浜）、尾鷲市総務課が発行する体験談集にも「父はこんな大きな地震のときはあとで津波が恐ろしいので、母に避難するときは御飯を一釜炊いておけといって海に気を配っていたが、実際は御飯を炊くひまなんかなかった」（松崎ふみ・当時三〇歳・尾鷲市天満浦脇浜）と述べている（尾鷲市立矢浜公民館　二〇〇一、尾鷲市総務課　一九八四、木村　二〇〇八）。

また二郷《にご》村名倉《なぐら》集落（現三重県北牟婁郡紀北《きほく》町紀伊《きい》長島《ながしま》区東長島名倉）に当時から住んでいる、東恵章《ひがししげゆき》（当時一二歳・小学生）によると、「畑仕事をしていた老人夫婦も津波で流されて亡くなった。私も聞いたことがあった話なのだけど、『地震が起きてから、ご飯を一鍋炊く時間がある』って昔の人は言っていた。それでもたもたしていて、そのまま畑から名倉の集落の家に帰ってくるときに津波にやられて亡くなった」との証言を得られ、この伝承がもとで亡くなった人がいたこともわかった。また、東自身も、地震のあと弟と海を見に行き、最初は潮が引いたが、その後すごい勢いで潮が押し寄せてきた様子を目の当たりにし、ぎりぎりのところで山に逃げることができた、という体験をしている。

『稲むらの火』も「地震のあと津波が来るまで、御飯を炊く時間は十分ある」についても、ある一事例から求められた知見・教訓であり、それが普遍的な事象なのか、条件つきで起こる事象なのかは科学の目による検証と、その検証結果を人々に伝え広げることが必要である。

現在、科学技術分野において「サイエンス・コミュニケーション」や「アウトリーチ」という言葉が流行している。さまざまな定義があるが、基本的には情報の送り手を「科学者・技術者・専門家」、情報の受け手を「一般市民」として、できるだけ双方向のコミュニケーションを図りながら、科学技術の知見や研究成果をわかりやすい形で一般市民に理解してもらう、社会の知として還元するという活動のことである。地震・津波の知見・教訓については、まさに「人々の命」に直結する問題であり、自戒を込めて、今後の一層の「サイエンス・コミュニケーション」や「アウトリーチ」が重要である。

インタビューをした西村は、津波について「まあ、聞かれたら話をするけども、あえて言わなくても大概は知っているんじゃないか。今、学校でも教えるし、それからマスコミもあるしな」と述べている。果たして西村が評価するほどに、私たちは津波を「知って」いるだろうか。私たちは、貴重な体験談を教訓として「わがこと意識」を持ちながら、「正しく理解し、正しく恐れて、適切に行動する」ことが必要とされている。

第五章　過去の災害の教訓をどう生かすか

第五章と第六章は、一九四五年（昭和二〇）一月一三日に発生した三河地震の被災者の体験談を紹介する。三河地震は、人々の居住地に近接したところが震源となって発生した直下型地震・内陸地震であり、一九九五年阪神・淡路大震災や二〇〇四年新潟県中越地震などと同じように、震源の近傍に居住する人々・社会に大きな被害や影響を及ぼした。

一人目は、三河地震の本震の前に発生した前震の時に、不適切な対応をしてしまったために大きな不幸に見舞われることとなったという体験談である。数少ない災害事例から学んでいた防災の教訓が、実際の災害では生きなかったのである。過去の教訓は大切であるが、あくまでも一事例であり絶対ではないことを、三七日前に発生した東南海地震の体験や、二二年前に発生した関東大震災の教訓を振り返りながら考察したい。

一　銃後の女性の体験談

小笠原《おがさわら》とよは、一九一六年（大正五）生まれで当時二八歳。愛知県宝飯《ほい》郡形原《かたはら》町、現在の愛知県蒲郡《がまごおり》市形原町に住んでいた。形原町は、現在の蒲郡市の西部にあたる。形原町の北部は形原温泉がある温泉街、中央部は町の中心で商店街などの商業地域、南部は三河湾に面し形原漁港によって漁業が盛んであった。当時の形原町は総戸数一六七四戸、死者二三三人、負傷者一二七人、住家全壊三一九戸、半壊七二九戸、全壊率は一九・〇六％、半

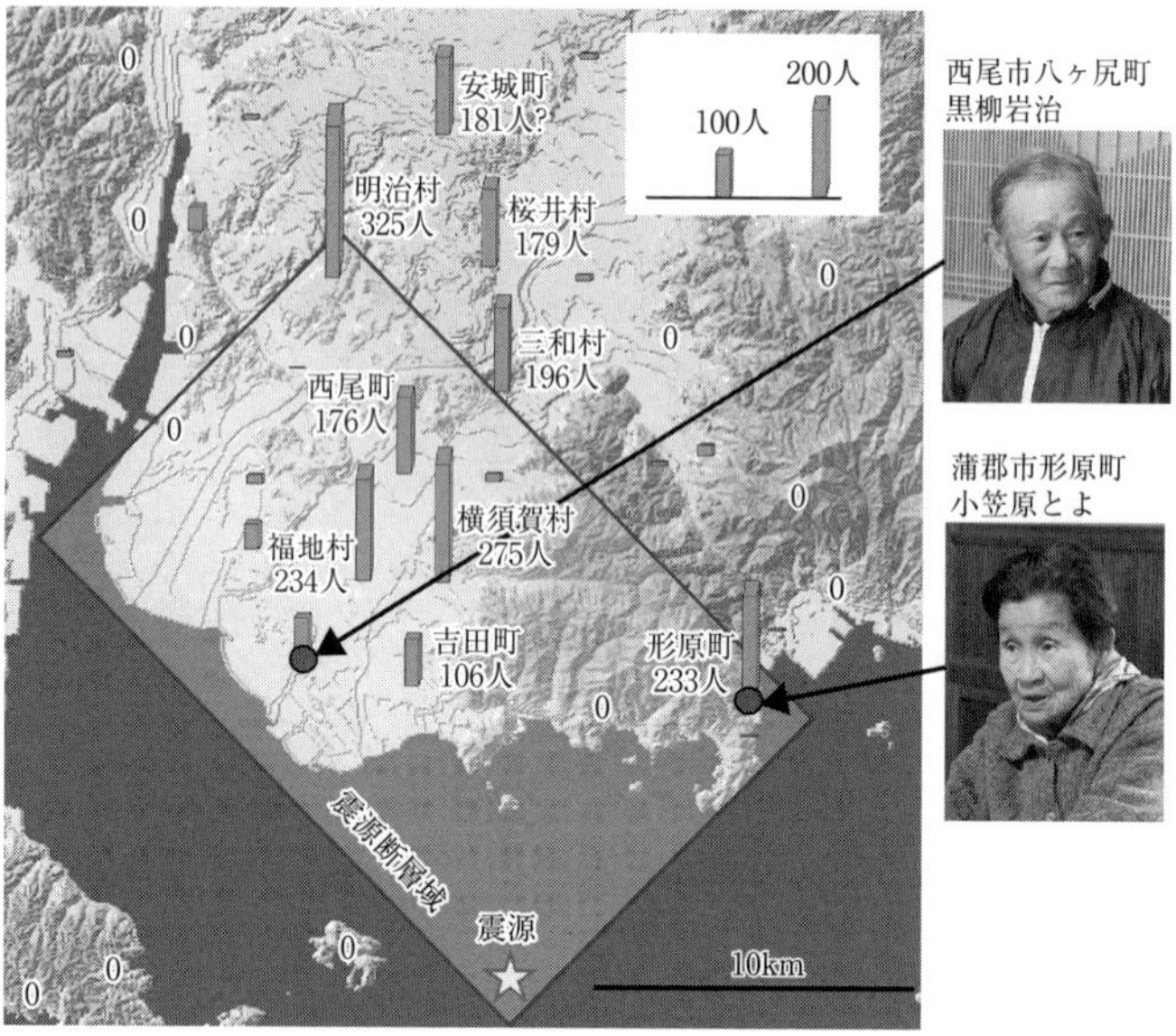

図43　インタビューを掲載した1945年三河地震被災者（第五・六章）

壊率は四三・五五％であった（飯田　一九七八）。なお現在（二〇一二年四月一日）の形原町は、約四五〇〇世帯、一万三〇〇〇人である（蒲郡市ホームページより）。小笠原は、形原町の中央部から海に下がった音波《おっぱ》交差点の辺りで銭湯「稲の湯」をやっていた。夫は戦争に行っていたため、姑と手伝いの人とで店を切り盛りしていた（図43）。

三河地震の数日前から、小さな揺れが何度かあった。「二階は揺れるし逃げられない」ということで、いつもは二階で寝ていた家族も全員一階で寝ていた。しかし直下型地震の三河地震では、逃げる間もなく、家族全員、家の下敷きになってしまった。自分とおばあさん（姑）は、近くに駐屯していた軍隊の人たちがまだ暗いうちに助け出してくれた。しかし五歳と二歳の子ども二人は、下敷きになったまま亡くなってしまった。戦争の召集で若い男がおらず、下敷きになったのは女・子どもが多かったため、助け出してくれた軍隊の人たちには今でも感謝している。

人々や建物の被害について、被害があるところとないところがまだらになっていた。斜め前の家では、三階建ての一階部分がつぶれて、住んでいた形原劇場の支配人が亡くなった。地震当日の夕方には、離れたところに住んでいて被害がなかった両親が、リヤカーで迎えに来てくれた。そのまま実家に行き、両親が葬式を済ませて、野原で遺体を焼いてくれた。両親がまめで若くて丈夫だったため助かった。自分は大腿骨を骨折していた。親戚が接骨院まで連れて行ってくれ、入院後は姉たちが代わりばんこに介抱してくれた。優秀な先生だったために半年で治り、後遺症もなかった。

軍隊が家・道路の後片付けをやってくれて、家は更地に、道路は普通の自動車が通れる程度に復旧した。ガレキは空き地で燃やしてくれた。銭湯の建物・設備は新しくて、被害がなかったため、自分が戻ってきた半年後には営業を再開できた。家の建て直しをしたが、今度は二階から平屋にした。

商店街は入れ替わりが激しく、何をやっているかわからないお隣さんもいた。そのため、商店同士で炊き出しをしたり、家の再建に協力することもなく、営業開始時期もバラバラだった。戦後は、一九五五年頃に水道が通り、じきに銭湯を辞めた。今は息子が自動車の部品工場を経営している。商店街は、銭湯を辞めた頃からどんどん寂れてしまった。

なお、このインタビューは二〇〇六年二月六日に行われたものをもとにして作成した。小笠原の体験を詳しく追っていく。

当時の仕事

銭湯「稲の湯」をやっていて、いつも満員だった。

夫は戦争に行っていたため、姑と手伝いの人とで店を切り盛りしていた。

Q）三河地震が起こった昭和二〇年一月頃、とよさんは何をしていたのですか。

名鉄《めいてつ》（名古屋鉄道：愛知県・岐阜県を基盤にする大手私鉄）形原駅から海に下がったところにある四つ角（音羽交差点）の

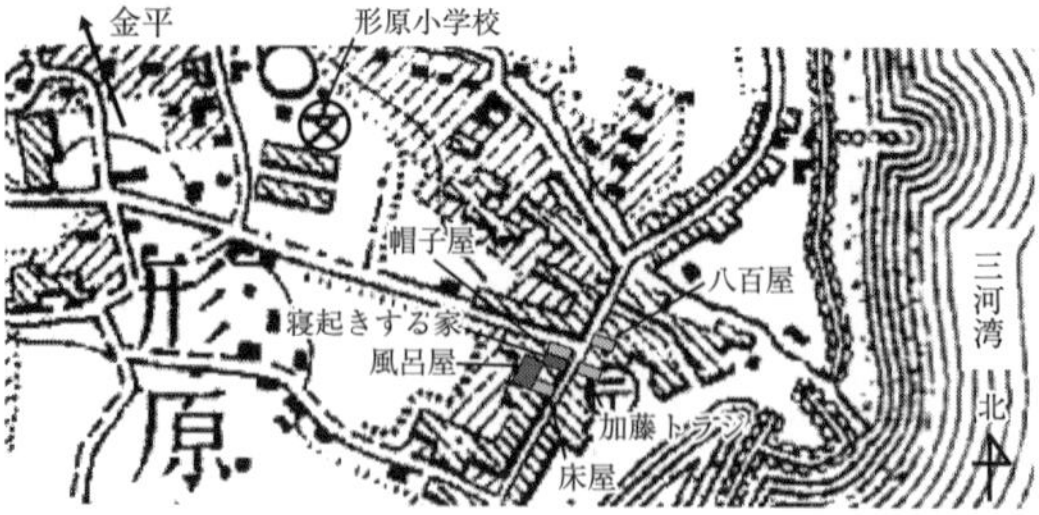

図44　当時の住居周辺の様子（現蒲郡市形原町音羽交差点周辺）

辺りで、「稲の湯」という大衆風呂屋をやっていた（図44）。夫の親の代からやっていたけれど、大正一〇年頃に移転して建て直したもので、風呂桶も設備も新しかった。

この辺は井戸が少なくて、戦争が終わるまでは水道も引いていなかったから、みんな銭湯に来てくれて、いつも満員だった。

Q）すごく流行っていたのですね。

この辺りは漁師町で渡船場があった。雨の時は漁師がみんな入りに来る。色街もあって芸子さんが五〇人くらいいた。それで宵の三時（午後三時）になると、風呂へ来る。そのあと、宴会に行かなくちゃいけないからね。

Q）家族で風呂屋をやっていたのですか。

お父さん（夫）は中国に戦争で行っていたから、おばあさん（姑）と三助さん（銭湯で風呂を焚いたり、体を流したりする人）とで銭湯をやっていた。明るいうちはおばあさんが番台にいてくれて、わたしは子どもを寝かせたりご飯の支度をして、それで夕方におばあちゃんと代わる。そのあと、夜一〇時ぐらいまでお客さんが来るから戸が閉められなかった。子どもは五歳と二歳の子がいて、番台で寝かしつけることも多かったね。

前震と避難

小さな揺れが何度かあり「二階は揺れるし逃げられない」ということで、いつもは二階で寝ていた人も、一階に降りてきて全員一階で寝ていた。

Q）当時の家の様子はどんな感じでしたか。

道を入った奥に銭湯があって、奥までの通路の左側は床屋、右側は私たちの寝泊まりする家があった。床屋と私たちの家の屋根はつながっていて、言ってみれば、アーケードのようなところを客は銭湯に向かって入っていく感じだね。あと、銭湯の横にはその火をくべる釜場があって、そこの二階に三助さんと三助さんの娘さん二人が寝ていました（図45左）。

Q）とよさん一家はお風呂屋の隣の家で寝起きしていた……。

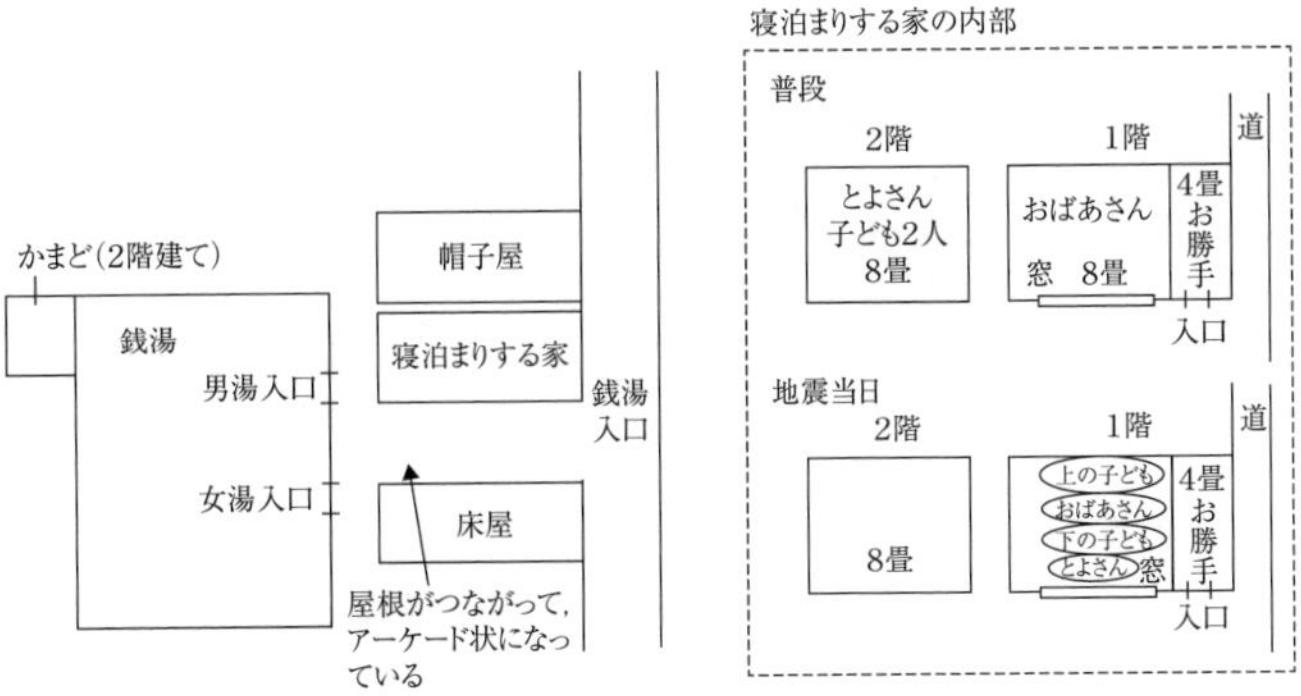

図45　地震発生前後の様子
左：銭湯周辺，右（点線内）：寝泊まりする家の中の様子

うちは二階建てで、一階が八畳と四畳のお勝手で、二階が八畳。いつもは、わたしと子どもたちは二階で、おばあちゃんは下で寝ていました。

Q）三河地震の時もそうやって寝ていたのですか。

いや、それが違ってね。この地震の数日前から、何度か小さく揺れてね。前震というやつかね。それで「二階は揺れるし逃げられんもんで、下で寝よ」っておばあちゃんが言って、みんなで一階に降りてきて全員一階で寝ていたんです。おばあちゃんが大きい五歳の子ども、わたしが小さい二歳の子どもの方を抱いて、布団を二組敷いて並んで寝ていたんです（図45右・46）。

Q）ちなみにその一ヵ月前の一二月のお昼にも大きな地震（東南海地震）が起きたと思うのですが……。

ガッタンガッタンと、家が横に揺すられたような地震だった。ただ縦揺れではなく横揺れなので、家は転ばなかった（倒れなかった）し被害はなかった。もちろん後で聞いた話だけど、真下の地震は縦揺れで、遠い海の地震は横揺れなんだってね。それ以外はあまり覚えていない。

三河地震の発生

直下型地震では逃げる間もなく、家族全員、家の下敷きになってしまった。

五歳と二歳の子ども二人は、下敷きになったまま亡くなってしまった。

Q）みんなで一階に寝ている時に地震が起こった……。

まずカタカタ、カタッ、カタッって揺れたもんで、「ちゃっと窓開けて、みんなで出え」と思って身を起こして立ち上がろうとしたその瞬間、ピシャッと家が転んじゃった。あっという間だった。それで気がつくと、どういう拍子か知らないけど左足が挟まっていて逃げ出せない。いろいろなものがいっぱいドシャッて落ちてきている。

それで、おばあさんも下敷きになって、おばあさんは柱の隙間にいて助かったんだけど、子ども二人はね。息ができないようになったとみえて死んじゃったの。

Q）お子さんは亡くなった……。

図46　三河地震の数日前から何度か小さい地震があった．「2階はよく揺れるし逃げられない」ということで，いつもは2階で寝ていた者も1階に降りて全員で一緒に寝た（小笠原の体験談は藤田画）．

だからね、おばあさんは「子どもを抱えた時に自分の重みで子が押さえられて死んじゃった」って言ってたね。自分は助かってね。せっかく抱いてやったのにね。上の子はおばあちゃん子でね。あんな大きくなってから死んじゃったんで、みんな「惜しかった」って言ってくれてね。

上の子は、四月から国民学校（小学校）へ行くって喜んでいて、まだ四月にもならないのにかばんを抱えてはしゃいでいて、みんなの人気者だった。だけど地震でつぶれて逝っちゃった。今生きていればもう六六歳。

Q）おばあさんの様子はどうでしたか。

かなり力を落としてましたね。一時は「どこの孫も死ねばいい」なんてめちゃくちゃ言うほどおかしくなってしまってね。もちろん本心ではないし、じきに元に戻られたけど、つらかったんだろうね。

Q）周囲に住んでいたみなさんも下敷きになってしまったのですか。

横揺れの地震はそうは転ばないのだけど、縦揺れは「ガタン、ピシャン」という感じで、地所が持ち上がってまたピシャッと落ちるんだね。あれだけ早くつぶれてしまったら出る間もない。しかも家の前の床屋の屋根がうちの方へ転んできたので、それもみんな受けちゃった。

図47　逃げる間もなく，家族全員，家の下敷きになってしまった．近くの小学校にいた軍隊が助け出してくれたが，２人の子どもは亡くなっていた．

救助・救出

軍隊の人たちが私やおばあさんを含め、まだ暗いうちに助け出してくれた。

戦争の召集で若い男がいなく、下敷きになったのは女・子どもが多かったため、助け出してくれた軍隊には今でも感謝している。

Q）誰が助け出してくれたのですか。

当時、軍隊が形原小学校や金平《かねひら》（形原温泉付近：愛知県蒲郡市金平町）に一〇〇人くらいいて、その人たちがやってきて、うちのガレキを取り除いてくれてね。私やおばあさんを含め、この周辺の人たちを助けてくれたんです（図47）。

Q）それはいつ頃ですか。

まだ暗いうちだったと思うね。救い出して学校の運動場へ皆運んでくれた。あの頃は戦争の真っ最中で、若い男はみな招集で戦地に行ってるから、近所には若い男がいなくてね。それでつぶれたり下敷きになっている者は女や子どもが多い。だから軍隊にものすごく助けられたんです。今でもありがたいと感謝しています。

周辺の被害

三階建ての一階部分がつぶれ、斜め前に住んでいた形原劇場の支配人が亡くなった。
周辺では被害のあるところとないところがまだらになっていた。
地震で土地が盛り上がって、海の部分が陸地になった。

Q）周辺の被害はどうでしたか。

うちの斜め前に小屋元（形原劇場の支配人）の加藤トラジさんていう五〇歳くらいの人がいた。太鼓を叩いて回っている人で、みんなから「カトラさん」とか「太鼓トラさ」って言われていたけど、その人の三階建の家の一階の部分が、地震でトーン、ピシャンって二階になっちゃった。それで一階に寝ていたトラさはつぶされて死んでしまった。

うちの大将（夫）が召集でいなかったので、トラさには随分世話になりました。あの日の夜も空襲警報が出たあとに「空襲は解除になったで、電気つけてもいいで」って言いに来てくれたんです。それで夜中に地震が起きて死んでしまった。そこの建物は、今二階になったまま残っています。

Q）三助さんは。

娘さんともども大丈夫だった。たぶん建物も新しく屋根が軽かったのが、建物全体に被害がなかったのがよかった。あと床屋も誰も亡くならなかった。向こうの屋根が全部こっちに乗っかってきたからね。ただ、四つ辻の八百屋の甚常《じんつね》さんで赤ん坊が一人亡くなるなど、あちこちで人が死んでいるような状態だった。建物の被害は、あまり記憶にないけど、倒れた家と倒れない家がまだらになっていた感じでした。

Q）他にどんな被害がありましたか。

被害じゃないけど、地震で地上げして、海の部分が盛り上がって陸地になったんだね。海に面している下音羽《しもおっぱ》は、かなり土地が広がったね。

避難と葬式

地震当日の夕方には、離れたところに住んでいて被害がなかった両親が、リヤカーで迎えに来てくれた。両親が葬式を済ませて、野原で遺体を焼いてくれた。両親がまめで若くて丈夫だったため助かった。

Q）助け出されたあとは……。

その日の夕方頃に、うちの在所（実家）の人がリヤカーで迎えに来てくれた。在所の両親も健在だったもんでね。それで私とおばあさんと子どもの亡骸をリヤカーに乗せてくれて、在所まで帰ってくれた（図48）。

図48　離れたところに住む実家の両親が，地震の日の夕方には来てくれた．怪我をした私と子ども２人の遺体をリヤカーに乗せて，被害のない実家に運んでくれた．

Q）実家に帰った……。

私は二〇歳か二一歳の時に形原に嫁いだのだけど、私の在所は、西幡豆《はず》（蒲郡市の西隣：愛知県幡豆郡幡豆町）の百姓家だった。田んぼ持ちの大百姓だったので、米もあるし食事には苦労しなかった。それで連れて帰ってもらったあと、私は本屋（母屋）には入らずに、東隣にある離れの家で寝ていた。ここはトイレも近いし、寝たままで気を遣わないで済むからね。

Q）実家の被害はどうだったのですか。

西幡豆の方は何ともなかったです。家も養蚕をやっていたので、しっかりとした大きい造りの家で、大丈夫だった。

Q）子どもたちのお葬式はどうしたのですか。

在所で葬式を済ませてくれたあと、野原で焼いてくれてね。この子たち

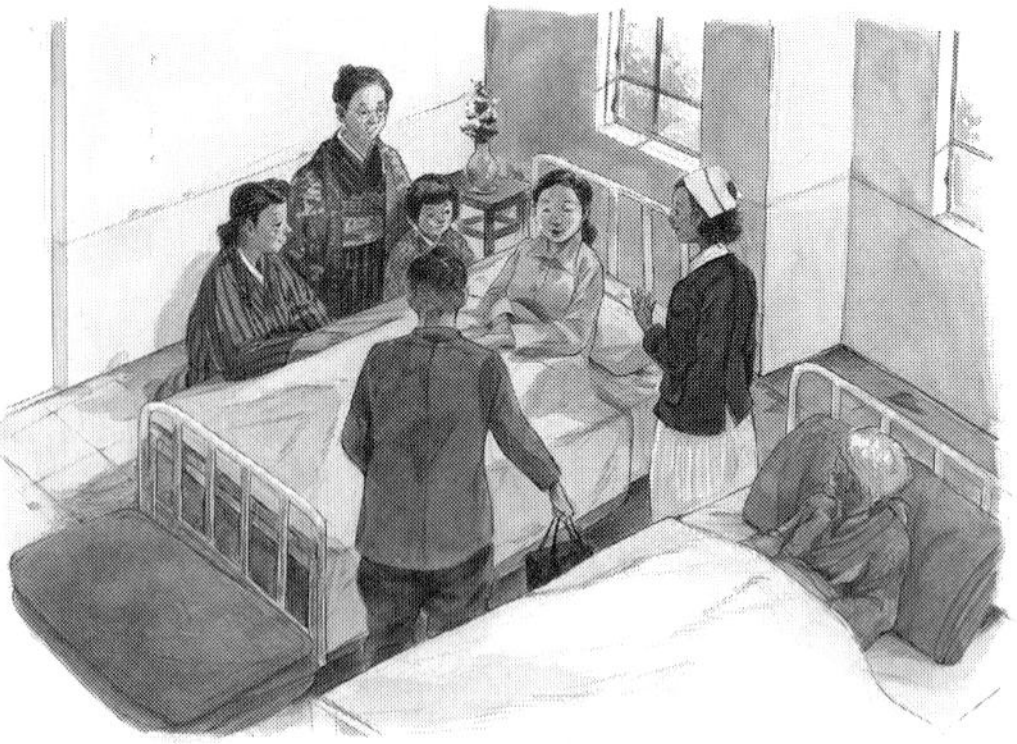

図49　大怪我をした足を治すため，遠方の評判のよい病院に3ヵ月入院した．2人の姉が交互に介抱してくれたので不自由はなかった．

は、私が在所で産んだ子だったので「うちで生まれて、またうちで葬式を出して、こりゃうちの孫だな」っておじいさんが冗談言いながら嫌がらずに進んでやってくれました。それで、骨もちゃんとしてくれて、後になって蒲郡の常円寺に納めました。両親がまめな人たちで、若くて丈夫だったので助かりました。

治療

親戚が接骨院まで連れて行ってくれて、入院後は姉たちが交互に介抱してくれた。

優秀な先生だったために半年で治り、後遺症もなかった。

Q）とよさんのケガはどうだったのですか。

私は、左足の大腿骨のまん中のところがぽっきり折れていた。それで「うちにおっちゃいかん。刈谷《かりや》（愛知県刈谷市）の世古口《せこぐち》に接骨院のいい医者がおるで、そこへ入院せにゃいかん」って、親戚が連れて行ってくれてね。それで接骨院で「普通は左足を切ってしまうけど、これは切っちゃあいかん」って言われて、万力で足を引っ張ってきちっと合わしてくれた。

Q）接骨院には他に地震でやられた人がいましたか。

地震でやられた人もいたし、いろんな人で満員でたいへんだった。ただ私の二人の姉が代わりばんこで介抱しに来てくれて不自由はなかった。ありがたかったね。入院して二ヵ月くらいしてから、ぼちぼち歩くことを習ってね。三ヵ月くらいしてから「家に帰っていい」と言われて在所に帰ってね。そこからは電車に乗って通院しました。結局、大腿骨は骨が付くのに手間がかかるらしくて、治るまで半年かかりました（図49）。

Q）完治したのですか。

接骨院の先生が優秀な人でね。だから繁盛していたわけ。そのおかげで今、何ともなしに歩ける。具合よく骨が付かないと、当時は足を切っちゃうようなこともあってね。義足になったらえらいことだったから、ありがたかったです。

後片付け

軍隊が家・道路の後片付けをやってくれて、家は更地、道路は普通の自動車が通れる程度に復旧した。ガレキは空き地で燃やしてくれた。

Q）おばあさんは大丈夫だったのですか。

おばあさんは家につぶされた時に腹を揉まれてたけど、医者に診てもらったら一週間ぐらいで治った。それで一週間ぐらい私の在所にいたけど、そのあと一人で形原に戻ってきて、釜場のところで自分で煮炊きをして、夜は二階の三助さんの横に寝させてもらって、暮らしていたみたいだね。

Q）家の後片付けは。

それは大体は軍隊の人がやってくれたらしい。ガレキを運んでくれて、形原温泉へ行く道（幸田道路）の途中に空き地があって、そこで燃やしてくれたらしいです。道などもすぐに片付けてくれて、前の道なんかは普通の自動車が通れるくらいにはなっていたらしいね。

Q）とよさんが形原に帰ってきた時にはすでにきれいになっていた……。

ちゃんときれいに更地になっていた。ガレキもありませんでした。

事業の再開

銭湯の建物・設備は新しくて、被害がなかったため、戻って半年後には営業を再開できた。

図50　銭湯の建物設備は新しかったため被害がなく，従業員も無事だった．私の怪我が癒え家に帰った9月頃には営業を再開した．

家の建て直しをしたが、今度は二階から平屋にした。

Q）とよさんが形原へ帰ってきたのはいつ頃でしたか。

こっちへ来た時には、もう戦争は終わっていたから九月だったかな。それでまた銭湯を始めたんだね。

Q）銭湯の建物や設備は無事だったのですか。

風呂場は倒れなかった。新しかったからね。それが良かった。それで私が戻ってきて、おばあさんも大丈夫で、三助さんも無事だし真面目な人だったからね。銭湯を始めたんだよ（図50）。

Q）寝泊まりは三助さんのところ……。

その頃には更地に新しい家を造って、そこに入りました。八畳・四畳の同じくらいの大きさの家だけど、ただ今度は平屋建てにしました。やはりこんなことがあったからね。二階建てはいやだったね。

商店街とのつきあい

商店街は入れ替わりが激しく、何をやっているかわからないお隣さんもいた。商店同士で炊き出しをしたり、家の再建に協力することもなく、営業開始時期もバラバラだった。

Q）地震当時、商店街の人たちというのは昔からの顔なじみだったのですか。

商店街の人たちは、入れ替わりが激しかった。つきあいがあってよくわかっているお隣さんもいたし、あまりつきあいがなくて何をやっているかわからない人もいたね。

Q）商店街では一緒に行事をしたりして、商店同士のつながりは強かったのですか。

そういうことはなかった。だから商店会で炊き出しをしたり、みんなで家の建て直しに協力することはなかった。あくまでも自分でやったね。たとえば帽子屋さんなんかは、うまいこと傾いた建物を引き起こして商売を続けていたね。

Q）商売を再開した時期というのもバラバラでしたか。

帽子屋さんは早かった。うちも銭湯が壊れなかったから、早かったね。他のところではまだ修理の目途がたってないようなところもあったね（図51）。

図51　被害の少なかった店はいち早く商売を再開した．再開の時期は商店街の中でもバラバラで，すぐに再開できた店，後片付けをしている店，廃業した店などさまざまだった．

戦後

一九五五年頃に水道が通り、じきに銭湯を辞めた。今は息子が自動車の部品工場を経営している。

商店街は、銭湯を辞めた頃からどんどん寂れてしまった。

Q）戦後について教えてください。

戦争が終わって、私が形原に戻ってからじきに、お父さん（夫）も中国から戻ってきた。ちょうどその頃風呂がちょっと傷んで、傷んだところを直してもらってね。それでしばらくは銭湯を続けた。ただ一〇年くらいして昭和三〇年頃に水道が通ってからは、家の中の内風呂が多くなって、芸子さんもいなくなって。それで銭湯を辞めたのです。

Q）お父さんも戻ってきた……。

戦争が終わった昭和二一年に女の子が生まれて、その一年か二年あとに男の子が生まれた。息子は、大学の理工科を出てね、それで銭湯辞めたあと、麻糸工場の跡地を買ってプラスチックで自動車の部品を作る工場を作ってね。それを今でも経営しています。この家もその時分に住居用に買ったもんだね。現在は景気がよくて、自動車関係は仕事が多くくるからありがたいです。

Q）商店街の様子は変わりましたか。

田舎っぽくなっちゃったね。昔、私が銭湯やっている頃は、商店街は毎日にぎやかだったんだよ。そういう意味では、内風呂になって銭湯がなくなったのも原因かもしれないね。

風呂へ行ったついでに何か買ったりすることもないから、八百屋も帽子屋も流行らないし。昔、八百屋さんはおかずを作っていて、売るとたちまち売り切れちゃうけど、それもなくなった。風呂入ったあとに、いすへ腰掛けて涼む人もいなくなったから、道にも誰もいない。殺風景になっちゃった。さみしいですね。

Q）ありがとうございました。

二　関東大震災からの教訓

災害によって変わる教訓

小笠原のインタビューからは、数少ない災害事例から学んだことが、実際の災害では生きなかったこと、それどころか不適切な対応として、不幸なことに幼い子どもの命を奪う事態につながってしまったという事実をうかがうことができる。

なぜ「地震の時に外に逃げられる」と思ったのだろうか。名古屋大学時代の同僚である地震学者の林能成《よしなり》（現関西大学社会安全学部）は、二つの原因をあげている。

一つ目は、三七日前に起きた東南海地震での実体験である。この時、形原町の人々は震度五～六という大きな揺れを経験した。しかし東南海地震は海溝型地震のため、ゆるやかな揺れから始まり、長い時間の横揺れの中でやがて立っていられないようになり、農作業小屋などが倒壊していくのを大勢の人が目撃することになった。静岡県の太田川沿いにある磐田郡御厨《みくりや》村稗原《ひえばら》（現磐田市稗原）の加藤よしゑは、「縁側で仕事をしていた。少しゆれた時、東のお宅ではみかんの木のそばで騒いでいるのが見えた。そこで私は外に飛び出し、まきの木にしがみついた。家からでると同時に、二〜三回大きくゆれ、『がんばれ〜』と思っているうちに、わが家は東側にあっけない間に倒れてしまった」と語っている（「東南海地震の体験から」編集委員会編　一九八七）。海溝型地震によって、被災地の広範囲にわたってこのような揺れを体験したために、「地震が起きて揺れ始めてから、外に出ることができる」と思い、建物の耐震性とは関係なく、一階で寝泊まりをしたのである。

二つ目は、過去の大地震の教訓が広まっていたことである。三河地震の二一年前、一九二三年（大正一二）九月一日に関東大震災が発生した。関東大震災も東南海地震と同じ海溝型地震であり、多くの死者が出た東京は震源域からは五〇キロ以上の距離がある。そのため、揺れを感じてからでも十分屋外へ避難することができた。また、午前一一時五八分というお昼時かつ台風の影響による強風で複数の出火点から大火災が発生し、約一〇万人が亡くなった。震災の様子は大きく報道され、さまざまな記録集や書物が出版された。

「地震時の諸注意」

私の手元に、関東大震災の翌月、講談社が緊急出版して当時四〇万部を超えるベストセラーとなった『大正大震災大火災』という本がある（大日本雄弁会講談社編　一九二三、講談社史編纂委員会編　一九五九）（図52）。目次を見ると、与謝野晶子や渋沢栄一の寄稿、地震学者の今村明恒による解説の他に、「地震時の諸注意」という項目がある。中を開くと「地震津波の避難に関する注意」というタイトルで以下のような具体的な避難行動の指針が示さ

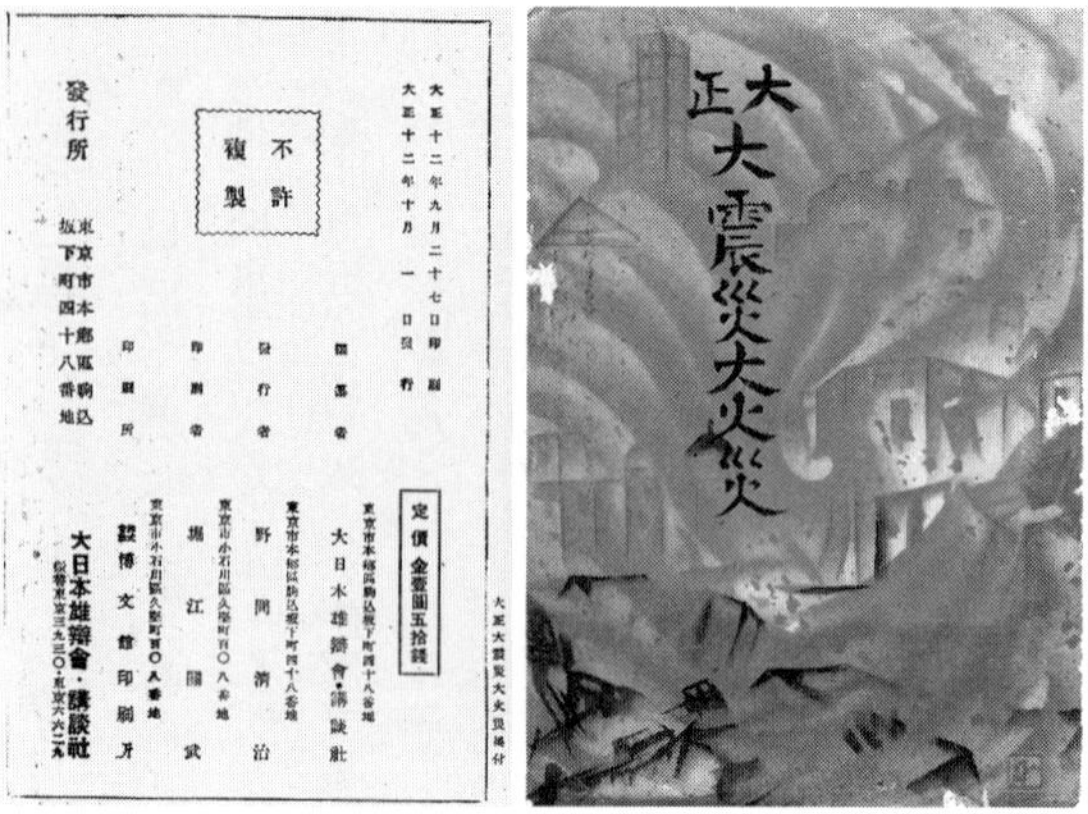

図52　『大正大震災大火災』（大日本雄弁会講談社編　1923）

れている（一部表記を改変、傍線は筆者）。

○狼狽せず戸外に避難するを最も肝要とす。

○地割れの危険は皆無心配するに及ばず。

○なるべく広き場所に避難すべし、戸外に出つるも塀、塗壁、石灯籠、等に身を寄するは危険なり。狭き道、崖下、若しくは煉瓦、煙突の付近を通行するは注意すべし。屋内にても暖炉用煉瓦、煙突の下は、煙突破壊墜落のおそれあり甚だ危険なり。

○普通日本家屋が倒壊するまでには、相応に時の猶予あるも、万一戸外に出づること能はざれば、丈夫なる机、寝台等の下に身を寄するも可なり。

○避難の際には火の用心を忘るべからず。洋燈《ランプ》、火鉢、竈《かまど》より発火せしめざる注意を要す。電燈線に異常を起こせる疑いあらば、直ちに安全器により電柱を遮断するを可とす。

○震後の火災に伴いガス管の破裂あり、当局の注意を要す。

○大震の際、水道鉄管は容易に損害を被り、貯水池も破壊することあり、吸水の不足を来すは必然なるのみならず、市内各所より発火すべければ、倒壊せざる家屋に於ても直ちに水道より水を汲み貯え置くを可とす。

○海浜の地、殊に太平洋沿岸にて大地震あるとき、もしくは大地震ならざるも、やや強き地震が長く継続するとき（即ち、やや遠き大地震なるとき）は、一時間内外津波来襲して港湾に高潮を押し上ぐる恐れあり。激甚なる津波の前兆としては、多くは海水減退するを例とす、斯かる場合には直ちに高所に避難するを要す。

注目すべきは、この指針の著者である。著者は「文部省震災予防調査会」であり、現在の東京大学地震研究所の前身にあたる組織である。このような当時の専門的な研究機関が「地震で家が倒れるまでには時間がある」と考え、そして「揺れたら急いで外へ避難すべき」という指針を提示していたのである。これが関東大震災以前から言われていたことなのか、関東大震災をきっかけとして言われはじめたかは不明である。

しかし一〇万人余の死者を出した関東大震災は、新聞等でも大きく報じられ、当時の日本社会に大きな衝撃を与えたことは疑うべくもない事実である。関東大震災の知見・教訓が国民一人一人に広くいきわたっていたことが推察される。つまり、東南海地震と同じ「海溝型地震」である関東大震災の知見・教訓が、普遍一般的な「地震」の教訓として全国に広まっていた可能性が高いのである。

生かされた教訓

関東大震災での教訓が、実際の震災対応に生かされた例もある。関東大震災から二〇年後、東南海地震・三河地震の約一年半前に発生した、鳥取地震である。一九四三年（昭和一八年）九月一〇日一七時三六分に、鳥取市郊外で発生したマグニチュード七・二の内陸型地震。死者一二一〇人、重軽傷者三八六〇人、家屋全壊一万三二九五戸、家屋半壊一万四一一〇戸、火事による全半焼二九九戸で、死者の多くは家屋倒壊等によるもので、鳥取市に全死者の約八〇％が集中した（鳥取県　一九四四）。

戦時報道管制下に発生した震災であったが、この時点では本土空襲などはほとんどなく、常に命を脅かされるような緊迫した事態を、本土の日本国民が感じることは少なかったようだ。それは新聞記事の規制にも表れていた。一面トップになることこそなかったものの、地震そのものの情報、被害情報、対応状況などの震災に関する記事を、地元紙である「日本海新聞」はもとより全国紙においても連日掲載していた。そしてこの地震における鳥取県の災害対応も素早かった。軍隊などの協力を得て被災者の救出・救護・医療・警防・消防・治安などの応急措置を講ずる一方、半壊になった県庁舎前庭のテント張りの中に「鳥取県震災対策本部」を、知事を本部長として急設し、応急・復旧・復興措置をとった。

さらに市民への情報提供にも積極的であった。米子気象台の報告と被害状況、人心の安定・流言への注意を記した「知事告知」五〇〇枚を、地震当日の夜に徹夜で作成し、翌日一一日早朝、警察官に持たせて各避難場所に配布するとともに、口頭でも指導した。さらにラジオが復旧した一四日午後一二時一〇分からは、鳥取放送局で知事が人心安定・復興意欲の高揚を目的とした放送を行った。また、工場が倒壊して発行不能になった地元紙「日本海新聞」に代わって、県当局による災害状況を中心とする発表を謄写版刷で市民に配布し、また岡山県へ依頼して一三日付より岡山「合同新聞社」において「日本海新聞」の代行印刷を実現した。

ラジオ放送については県庁内、集団避難所、その他要所に非常用受信機を設置し、ラジオ自動車（ラジオを登載した自動車）を運行し、連日にわたり復旧の進捗状況、物資の配給、復興精神の作興、周知事項などの放送を行った。

これらの措置は一九二三年（大正一二）の関東大震災における流言飛語による虐殺事件の再発を恐れてのものであった。鳥取地震の一年後の四四年九月に発行された『鳥取県震災小誌』において、「震災といえばすぐにもわれわれの脳裏に浮かんでくるのは関東大震災の民心の動揺とそこから醸し出された幾多の不幸な出来事への連想である」と記載されており、このことからも関東大震災の教訓が広く全国に行き渡っていたことが考えられる（鳥取県　一九四四、北原他　二〇一二）。

さまざまな災害事例から知る適切な対応

このように関東大震災の教訓、そして三七日前の海溝型の東南海地震の揺れの経験が、「地震の時に外に逃げられる」という適切でない避難行動を生み出してしまったことは、情報の少なかった当時の不幸である。

小笠原の体験談にも、「二階は揺れるし逃げられないから、下で寝よう」と、二階に寝ていた家族も、みんなで一階に降りてきて全員一階で寝ていた。

また、小笠原の近所に住んでいた、小沢《こざわ》正彦（当時一〇歳）は、「何かあったらすぐに出られるように」と、母と妹の女は一階で、父と弟と自分の男は二階に寝た。そのような態勢で寝たその日の夜に三河地震が発生し、家の一階部分がつぶれてしまった。小沢と弟は父がベランダに敷いた布団の中で、朝まで震えてすごした。すぐ逃げられるように一階で寝ていた母と妹は自宅の下敷きになり亡くなっていた、と証言をしている。

短時間で激しい縦揺れに襲われた三河地震。真夜中の地震のため、寝ている状態で何もできないままに家が倒壊して、多くの人が家の下敷きになって亡くなった。度重なる前震があった地震であり、当時の地震学の研究からもしばらく揺れが続く危険性があることは十分に指摘できたと考えられる。ラジオ・新聞等で「しばらく揺れが続く可能性があるから、戸外などのテントに避難している人はそのまま避難し続けるように」などと広く報道することが可能であれば、助かった命があったかもしれない。

過去の教訓は大切であるが、あくまでも一事例であり絶対ではない。さまざまな自然の力、災害の様相があることを、災害が起きるたびに私たちは謙虚に受けとめ、災害に対する知識と備えのあり方について関心を持って学び続けていくことが必要である。

第六章　知っておきたい情報とは

三河地震の体験者の二人目は、自分の住んでいる土地の特徴や弱さ、地域の災害脆弱《ぜいじゃく》性に関する情報を知らなかったために、適切な対応ができなかったという体験談である。自分の住んでいる土地が地震の揺れに対して弱い土地であり、また第五章で述べたような余震などに関する情報が地震後に報道されていれば、何らかの対応も可能であったかもしれない。ハザードマップの利活用の問題を交えながら考察していきたい。

一　農家の体験談

黒柳岩治《くろやなぎいわじ》は、一九二九年（大正一五）生まれで当時一八歳。愛知県幡豆《はず》郡福地《ふくち》村八ヶ尻《はちがしり》集落、現在の愛知県西尾市八ヶ尻町に住んでいた。福地村は、現在の西尾市の南東部、矢作古川《やはぎふるかわ》（矢作川の分流）の西岸にあたる。農業を主体としていて、明治時代には綿花、戦前には養蚕や果物などの商品作物の栽培も盛んであったが、戦争になると食糧増産のため米・麦などが中心であった。なお、この地域は日本における木綿の発祥の地と言われている。伝説では、七九九年（延暦一八）に崑崙人《こんろんじん》（天竺人＝インド人）が綿の種を持って今の西尾市天竹町《てんじく》辺りに漂着し、その種をこの地にまいたことが最初だと言われている。西尾市天竹町には、綿を伝えた新波陀神《にいはたがみ》を祀る日本で唯一の神社である天竹《てんじく》神社があり、毎年一〇月には棉祖祭《めんそさい》が行われている。

当時の福地村は総戸数六七三戸、死者二三四人、負傷者三五〇人、住家全壊四五〇戸、半壊二五〇戸、全壊率

は六六・八六％、半壊率は三七・一五％という甚大な被害であった（飯田 一九七八）。なお、全壊率三〇％が、阪神・淡路大震災当時の気象庁震度（現在は使われていない）において震度七を判別する基準値であり、三河地震発生当時は震度六までしか制定されていなかったが、福地村の被害からも震度七に相当する揺れであったことが推定される。なお現在（二〇一四年一月一日）の福地村（西尾市福地地区）は、二九九六世帯、九五一三人である（西尾市ホームページより）。黒柳は、当時、家業である農業を営んでいた（図43を参照）。

一二月七日の東南海地震の時には田んぼにいた。地震が波打ちながらやってきてじきに消えていった。人も牛も立っていることができなくなり座りこんでしまった。集落では、隣のおじいさんが「外へ出ると瓦が落ちて危ない」と言って家にいたが、家が倒壊して梁の直撃を受けて亡くなった。自分の家も傾いたが、親戚が見に来てくれて車力《しゃりき》（大八車などで荷物の運搬することを職業とする人。力仕事なども全般的に引き受けた）を呼んで家を修理した。筋交いや勾張《こうばり》（つっかえ棒）を入れて、再び家の中に住み続けた。地震のあと余震が続いたが、まさか一ヵ月後に大きな地震が再び来るとは思わなかった

一月一三日の三河地震の時、家族一一人が母屋に寝ていた。一二月の地震で鴨居が壊れている上に、地震の揺れも大きかったため、地震で揺れはじめてから家が倒壊するまで早かった。気付いた時には、自分は家の下敷きになっていた。

家に下敷きになった状態で息が苦しくなったので、床の縁板をはがして空気を確保した。隣の本家の人が助けに来てくれたので、ケガをしている母親から助けてもらった。鴨居が自分の一五センチくらい横に落ちた。鴨居が落ちたところに祖母や姉妹五人が枕を並べて寝ていたため五人とも亡くなった。梁で右足を挟まれた母親は、杖がないと歩けなくなり、杖がなくても歩けるまでに一年くらいかかった。

集落三七軒の半分くらいが全壊した。河川の堤防の跡のところに建っていた家はすべて、一二月と一月の二回

の地震にも壊れなかったし、水害の時にも浸からなかった。堤防の跡にあった本家も無事だったため、すぐ自分の家に助けに来てくれた。役所に届けを出したあと、焼き場に遺体を並べて火葬した。

地震が起きた日のうちに、父親と二人でナル（稲架《はざ》を作るための木の棒）を組んでわらで囲った家を造った。わら小屋は暖かかったが狭くて湿気があったので、牛小屋に隣接する物置で寝泊まりするようになった。牛小屋は生《いき》柱《ばしら》（立木をそのまま柱に利用したもの）だったため、傾きもしなかった。余震が多く、集落のつぶれていなかった家も、余震の倒壊を恐れて仮設の家を造って寝泊まりしていた。

農業をやっていたので、食べ物には困らなかった。井戸の水の出が悪くなったため、新しく井戸を深く掘った。食事の煮炊きはケガをした母親がやらざるを得なかった。医者へ通院しながら治療した。父親と二人で使えるものと使えないものを分けながら、一ヵ月ほど後片付けをした。燃えるものはみな燃料にした、燃えないものはお宮さんの裏の池に捨てた。荷物を運ぶ時には、牛が役に立った。

地震から数ヵ月後、自分が兵隊に徴集される前に、新しい家を建てることにした。大工に墨つけ（木材などに墨糸・墨差しで線を引いたり印をつけたりすること）をしてもらい、あとは父親と二人で建てていった。当時は資材がなくて、柱・くぎなどは古いもので何とか工面していった。大工にもお金ではなく物納で払った。役場が仮設の家を建ててくれると言ったが、すでに家を造った後だったことと、造ってくれる家も五坪で狭かったために集落で申し込んだのは三軒だけだった。

働き手が二人健在だったことが、生活を建て直すための大きな要素だった。家は頑丈にすべきだし、修理をする時もきちっと修理することが大切だと思う。

なお、このインタビューは二〇〇七年四月一七日に行われたものをもとにして作成した。黒柳の体験を詳しく追っていく。

東南海地震の発生

田んぼにいたところ、地震が波打ちながらやってきてじきに消えていった。人も牛も立っていることができなくなり座りこんでしまった。隣のおじいさんが「外へ出ると瓦が落ちて危ない」と言って家にいたが、家が全壊して梁の直撃を受けて亡くなった。

Q）一九四四年（昭和一九）一二月七日のお昼に起きた東南海地震の時、岩治さんは何をしていましたか。

私は農業をやっていました。ちょうど田んぼで牛を使って田打ち（田植えの準備のため、田を掘りかえす作業）をしていたところだった。麦やら菜種やらを作っていたのでね。そうしたら地震が来た。縦に揺れて、横にも揺れてね。田んぼのところを、波がスーッとこう波打ちながらやって来て、じきに消えていった。私は立っていられなくなって座りこんでしまった。牛までもね、四つ足だけど、立っていられなくなって腰を着いたように座ってしまった（図53）。

Q）立つことができなかった……。

そう。それで田んぼからうちまで三〇分ぐらいかかるんだけど、田んぼからうちの方（八ヶ尻の集落がある西方向）を見たら、二ヵ所から砂煙が立ちのぼっていた。その時には、田んぼに一緒にいた近所のお年寄りと「空襲かな」なんて言ってたんだけど、とにかく急いで集落の方へ帰りました。結局、地震で転んだ（倒れた）家から砂煙が立っていたんだね（図54）。

Q）八ヶ尻の集落では何軒くらい倒れたのですか。

八ヶ尻の集落は、当時は三七軒くらいで、その中で五軒ぐらい転んだ。かやぶきの家なんかは軽いんだけども転んじゃった。

Q）集落で亡くなった方はいたのですか。

一軒、うちの隣の家のおじいさんがね、下敷きになって亡くなられたね。お昼の地震で集落で亡くなったのはその一人

図53　牛を使って田打ちをしている時に東南海地震が発生した．地震が波打ちながらやってきて，牛は座り込んでしまった．2kmほど離れた自分の集落から砂煙が立つのが見えたので，急いで自宅に向かった（黒柳の体験談は阪野画）．

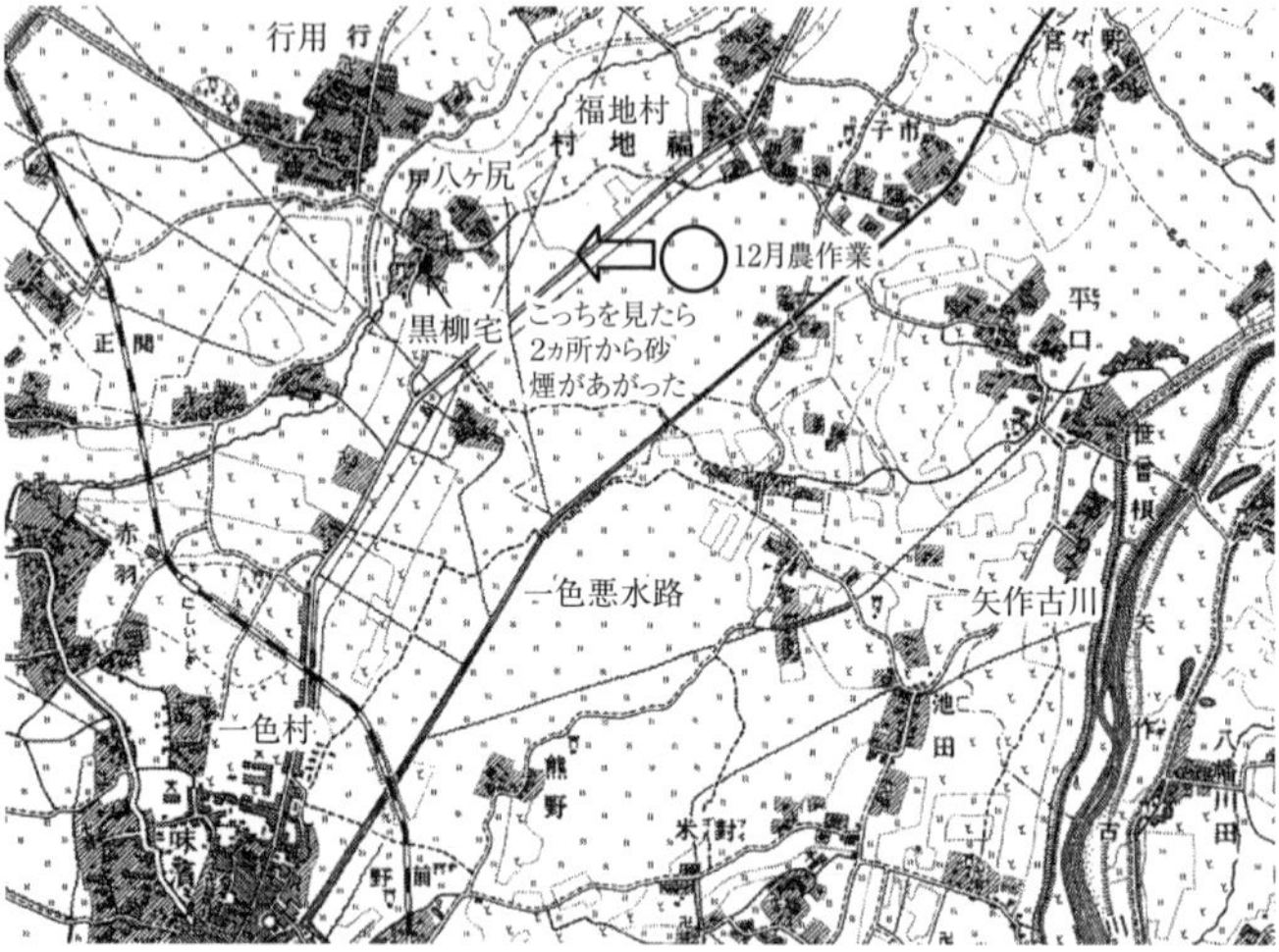

図54　東南海地震発生時の状況

だけだった。

Q）なぜ亡くなってしまったのですか。

　そのおじいさんは頑固な人で、他の家族が怖くて揺れの中で家の外に出ていくのに、「外へ出ると瓦が落ちてくると危ねえぞ」と言って、家の中にいたんだね。そこへ、ちょうど家が倒れて梁が落ちてきて、首の後ろのところを直撃して、首が折れてしまったんだね。

東南海地震での被害

自宅は傾いたが、親戚が見に来てくれて車力を呼んで家を修理した。筋交いや勾張《こうばり》（つっかえ棒）を入れて、再び家の中に住み続けた。地震のあと余震が続いたが、まさか一ヵ月後に大きな地震が再び来るとは思わなかった。

Q）岩治さんの家はどうだったのですか。

うちは転びはしなかったけど、鴨居のところが皆だめになって、家が傾いちゃった。鴨居のところには、ヒビがガーッと入っちゃってね。外から見ても傾いたのがわかるくらいだった。大正の初め頃に建てられた古いうちで、柱が継ぎ柱だったのも原因だね。

ただ、それでも転ばずに済んだのは、家の横に電柱と大きなびわの木があって、そこに家が倒れかかったからだね。あと、うちでは、地震で怖くてみんな外へ出ていたからね。それで、誰もケガをしなかった。私が田んぼから帰ってきた時は、みな無事で庭にいたので「いやあ、みんな、あの、けがなかったなあ」と言って、それで「よかった、よかった」って言ってたんだけれども、「うちがかたいで（傾いて）危ねえで」と言って修理することにしました。

Q）誰が傾いた家の修理をしたのですか。

おばあさんの兄弟が、岡崎（現愛知県岡崎市、西尾市の北東）でかじ屋をやっていたので、明くる日に見に来てくれてね。「あ、こらあかん、はよ起こさんなん」ということで、車力さん（大八車などで荷物の運搬することを職業とする人。力仕事なども全般的に引き受けた）とかも来て、機械を使って起こしてくれた。それで筋交いを打ったり勾張（つっかえ棒）を入れてかすがいを打ったりして「これならば、まあ大丈夫だろう」ってことになった（図55）。

Q）他の家も修理をしたのですか。

図55　心配した親戚が，東南海地震の翌日に様子を見に来て，家を引き起こし補強する工事の手配をしてくれた．12月のうちに家の仮補強は完成し，家族全員自宅の中で暮らせるようになった．

修理をした家もあるし、地震のあとに仮設の小屋を造って住んでいたうちもあったね。あと、一軒、防空壕を掘って、その中で暮らした人もいた。ちょうど空襲の飛行機とかが飛んだりしていたからね。

Q）お昼の地震のあと、何回か小さな地震が来たとかいうのは……。

それは何回かあった。「あ、また地震がいった」ってねえ。一ヵ月くらい続いたのかな。ただ一月の夜の地震の前の時に地震があったかって言われると、あまり覚えがないね。ただとにかく、まさか一ヵ月後にもう一回大きな地震が来るなんて夢にも思わなかったね。

三河地震の発生

家族一一人が母屋に寝ている時に地震に遭った。

一二月の地震で鴨居が壊れている上に、地震の揺れも大きかったため、地震で揺れはじめてから家が倒壊するまで早かった。

気付いた時には、自分は家の下敷きになっていた。

Q）当時、ご家族は何人だったのですか。

その時は一一人だった。祖母と両親、私の兄弟（姉妹）が八人。私は上から二番目だったけど、一番上の姉とすぐ下の妹は、それぞれ幡豆（現愛知県西尾市東幡豆町および西幡豆町、西尾市八ヶ尻町の南東）と東京から一一月に帰ってきていた。というのも、私への兵隊の令状がどこか役場まで来ていたらしくて「これで岩治が兵隊に行っちゃうと、両親以外は一〇歳にもならない小さな子どもばかりで、あとは農業のやり手がねえ」っていうことで、奉公に行っていた姉や妹が帰ってきてうちに入って「農業をやる」っていうことになったんだね。結局は、そのまま終戦になっちゃったので、私は行かなくて済んだのだけど。

Q）三河地震があった夜はどこで寝ていたのですか。

　その日の夜はちょうど、私の同級生の子が「志願で兵隊に行く」ってことでお別れ会に行っていて、夜中になって家に帰ってきて寝ていたところだった。

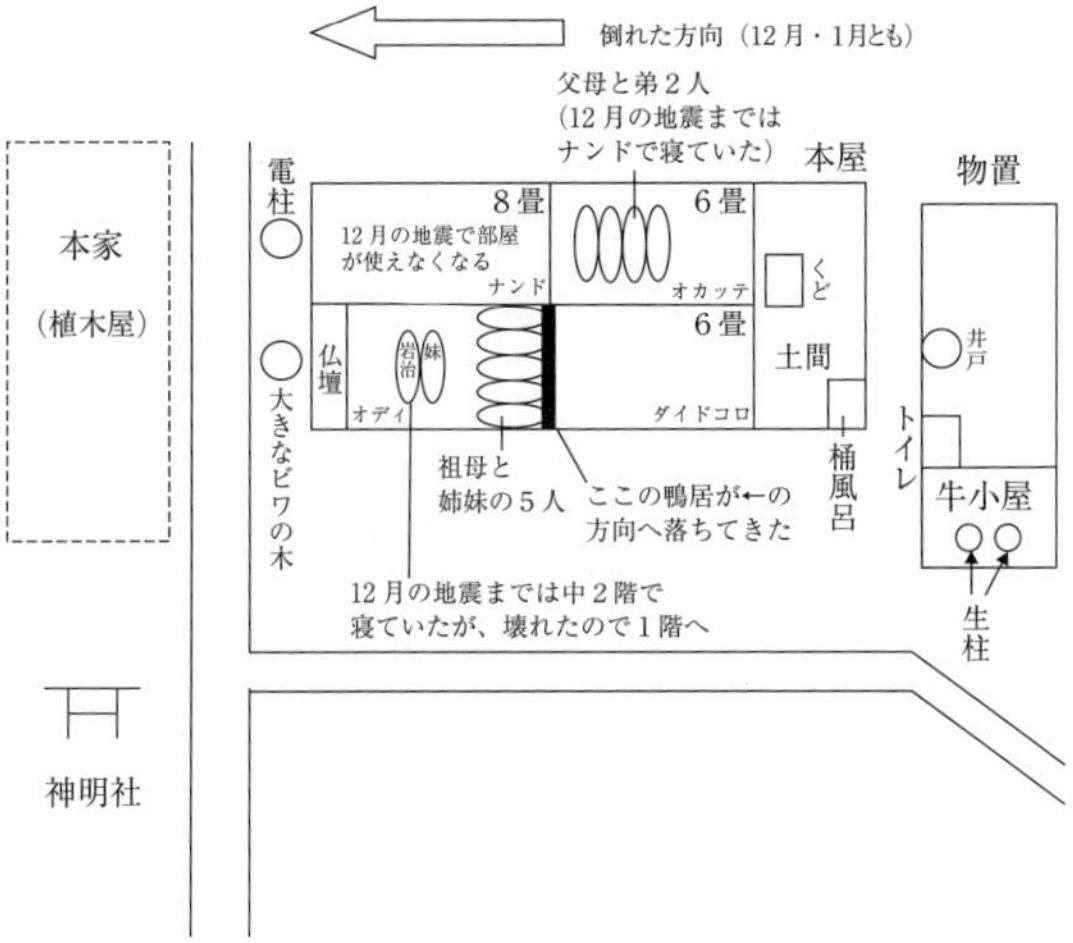

図56　三河地震発生時の状況

　みんな本屋《ほんや》（母屋）で寝ていた。両親はそれぞれ弟（三歳・〇歳〈一一月生まれ〉）を抱いて寝て、それ以外の家族は同じ部屋。私はいつも一人で寝ていたのだけど、その日に限って一番下の妹が私の布団の中へ入ってきていた。祖母とその他の姉や妹たちは、私の近くに枕を並べて寝ていたんだね（図56）。

Q）それで地震が起きた……。

　そう。それで地震が起きた。何しろ鴨居のところが壊れている上に、一二月よりも地震の揺れが大きいので、前回の地震で仮補修をして「今度地震が起きても転ぶわきゃねえわさ」って言っていたのだけど、家は転んじゃった。しかも今度は転ぶのが早い。私は寝ていて何もわからなかった。気がついたら家の下敷きになっていただけだね。

家族の被害

家の下敷きになっていた状態で息が苦しくなったので、床の縁板をはがして空気を確保した。

図57　三河地震ではあっという間に自宅が倒壊し，妹と２人で生き埋めになった．挟まれて身動きが取れず，息苦しかったので，片手で床板をむしりとって空気を確保した．同じ部屋に寝ていた祖母と姉妹５人は，頭のところに鴨居が落ち，全員亡くなった．

隣の本家の人が助けにきてくれたので、ケガをしている母親から助けてもらった。

鴨居が自分の一五センチくらい横に落ちた。鴨居が落ちたところに祖母と姉妹五人が枕を並べて寝ていたため五人とも亡くなった。

梁で右足を挟まれた母親は、杖がないと歩けなくなり、杖がなくても歩けるまでに一年くらいかかった。

Q）ケガはなかったのですか。

私は無傷で、私のところで一緒に寝ていた妹も無傷だった。妹は泣かないでよく黙っていたよ。ただ、そのうちに、家の下敷きになっているのでだんだん息が苦しくなってくる。それで、床の縁板を私がむしるように破ってね。そしたら下から風が入ってきた。自分でできたのはとにかくそれだけ。中二階がある家だったので、泥とかほこりとかは幸いにも落ちてこなかったので助かったけど、電気も消えて真っ暗で、とにかく動けない。

Q）空気は確保したけど、あとは何もできない……。

家族全員が下敷きだからね。そうこうするうちに、隣の本家の人たちが訪ねてきて「どこや、どこや」って呼んでくれた。それで「おふくろさんのほうを、先に出してくれ」って言った。おふくろさん、梁で右足を挟まれちゃったらしくて、少し声が聞こえていたからね。

Q）それで先におふくろさんを助けてもらったあとに……。

私のところへ来て、かわらや上のものをはがして出してくれた。地震が夜中の三時半頃で、助け出された時にはもう午前九時か一〇時頃だったと思うよ。

Q）他の家族の方は……。

それで家がペシャッとなって鴨居も落ちたわけだけど、鴨居は私の頭からちょうど五寸（一五センチ）くらい離れたところに落ちたんだね。それで、ちょうど鴨居が落ちたところにおばあさんと姉妹たち五人が枕を並べて寝ていた。それで五人ともみな鴨居でつぶされて死んでしまった。おばあさん（八四歳）と、奉公から帰ってきた一番上の姉（二〇歳）と妹（一八歳）、その下の妹二人（九歳・六歳）（図57）。

あと、梁で右足を挟まれたおふくろさんもね、杖がないと全く歩けなくなった。それで治るまで一年くらい悪かったね。最後は杖がなくても歩けるようになったけど。

集落の被害とお葬式

集落三七軒の半分くらいが全壊した。

河川の堤防の跡のところに建っていた家は、一二月と一月の二回の地震にもかかわらず一軒も壊れなかった。水害の時にも浸からなかった。

堤防の跡に建っていた本家も無事だったため、すぐ自分の家に助けに来てくれた。

役所に届けを出したあと、焼き場に遺体を並べて火葬した。

Q）集落の被害はどうだったのですか。

亡くなったのは一一人。その中の五人はうちの家族。家は三七軒のうちの半分くらいが壊れてしまったね。ひどい家だと、ほぞ（二つの木材を接合するために一方につけた突起）がスコンと抜けたりね。あとお寺は転ばなかったけどね、でも建

図58　集落37軒のうち半分くらいが全壊したが，自宅横の道を境にして，反対側に並ぶ家は三河地震でも倒壊しなかった．道の向こうは昔の堤防の跡地で少し高くなっており，地盤のよいところだった．

※地図は現在のもの

図59　堤防の跡と岩治の家の関係図

物は悪くなっちゃったね。

Q）集落の被害の様子はどうだったのですか。

集落の中の、ある通りだけが全く転ばなかった。そこは昔、河川の堤防があったらしいんだね。そういう昔の堤防の跡で、それで地面の下の基礎がしっかりしていた。本家もその上にあったので、一月の時も転びはしなかった（図58）。だからすぐ、私の家に助けに来てくれたんだね。集落の親戚は、本家とうちだけだったので、本家が壊れなかったのはうちにとっても幸いだった。結局、本家の家は少し傾いただけで、補強に筋交いを入れてそれで大丈夫だった。

あと、別の水害の時にも、この堤防の跡地より東側は水に浸かったけど、堤防の跡に立っていた家々は水に浸からなかった。こういう本家があるようなところは、もともと災害に強いのだろうな（図59）。

Q）岩治さんのお宅でのお葬式はどうしたのですか。

家が転んでなくなってしまったので、家でお葬式があげられない。お寺さんも建物が悪くなったりして間に合わない。明くる日に役場に届けを出すだけで、焼き場で五人をずーっと並べて火葬しました。

当時はまだ戦争中でした。火葬していると明かりが見えるので、「夜やっちゃあいかん」っていって、昼間のうちにやりました。灯火管制《とうかかんせい》（上空から町・村の様子を見えないようにするため、家屋その他の灯火を覆い隠して、光が外に漏れないようにする戦時中の対策）があった頃だからね。

寝泊まりとわらの家

地震が起きた日のうちに、父親と二人でナル（稲架を作るための木の棒）を組んでわらで囲った家を造った。わら小屋は暖かかったが狭くて湿気があったので、牛小屋に隣接する物置で寝泊まりするようになった。牛小屋は生柱《いきばしら》だったため、傾きもしなかった。

余震が多く、集落のつぶれていなかった家も仮設の家を造って寝泊まりしていた。

Q）家がつぶれてしまって、寝泊まりはどこでしたのですか。

私らは百姓だから、稲架（刈りとった稲を掛けて乾燥させるための木組）を作る「ナル」（稲架を作るための木の棒。木組および木の棒全体を総称して「ハザナル」とも言う）がある。それでおやじさんと二人でね、そいつを使って組んで、わらでぐるっと囲って、下にはわらとむしろを敷いて、倒れた家の東側にわらの家を造ってその中で暮らしました。八畳と六畳くらいのだいぶ大きい家を造ったんだけどね。

Q）いつ造ったのですか。

地震があったその日のうちにだね。「寝る場もない」ってことでね。ちょうど動ける年齢の人たちが、死んじゃったからね。おふくろさんもケガをして動けないし、おやじさんと二人でたいへんだった。あと、わらなので、雨が中に入ってきちゃう。それでわらを斜交いにしてうまく造ったりもしました。

Q）わらの家からはいつ出たのですか。

いつか忘れたけど、とりあえず私だけが一人早く出たんだけどね。わら小屋は暖かかったけど、狭いし湿度が高いもんでね。「そいじゃ、おらはあっちで寝るで」って言って牛小屋の隣の物置のところに寝ました。あとの者は余震も多くて「まだ地震が怖い」って言ってわら小屋から出なかったけどね。みんなが物置に移ったのは、地震から一ヵ月くらいが過ぎてからだったと思います。

Q）牛小屋と物置は傾いてなかったのですか。

牛小屋のところには生柱（立木をそのまま柱に利用したもの）だったから根がしっかりと這っていてね、そのために傾きもしなかった。

Q）集落の他の家は……。

みんな、仮設の家を造ってそこで寝起きしていたようだね。半分くらいの家しかつぶれなかったけど、やはり余震が怖かったのだろうね。

Q）余震は多かったのですか。

相当大きな余震が何度もあったね。うちの集落じゃ余震で転んだうちはないけど、よその集落だと余震で転んだといううちがあるんだね。あと、余震で揺れるのと同じ時くらいに、ピカピカッと地面が光って、あまり大きくない地鳴りのような音がしたことがあるね。

農業をやっていたので、食べ物には困らなかった。

井戸の水の出が悪くなったため、新しく井戸を深く掘った。

食事の煮炊きはケガをした母親がやらざるを得なかった。医者へ通院しながら治療した。

Q）食べ物や水は大丈夫だったのですか。

物置のところにちょっとひさしを出して、屋外で煮炊きをやった。くど（かまど）はつぶれた家から出して、雨の入らないところに片付けてね。この辺りはみな農業をやっていたから、食べるものにはそんなに困ったことはないね。野菜も作っていたので、野菜に味噌を入れて鍋にしたりしていたね（煮味噌《にみそ》のこと。この地方の郷土料理。野菜など手に入れやすいものの味噌鍋で、寒くなると毎日のように作っていた）。

井戸については、壊れはしなかったけど、昔よりも水の出は悪くなった。それで地震後に、新たに井戸を深く掘った。そしたら水が出るようになった。

Q）田んぼは大丈夫だったのですか。

地震では大丈夫だったけど、地震の前とかに、干ばつがあった。田んぼに水が全然入ってこない。それで皆、井戸を掘ってその水を田んぼへかけて打ったんだね。私のところも当時は田んぼが六反（約六〇〇〇平米）あったけど、なかなか難儀したね。

Q）煮炊きはケガをされたおかあさんがしたのですか。

大変だったと思うよ。うん。でもやれる人がいないからね。

Q）おかあさんの足の治療はどうしたのですか。

確か医者へ二〜三回は行ったと思うよ。西隣の行用《ぎようよう》って集落（現西尾市行用町）に神谷医院ってお医者さんがあってね。通院しながら治療しました。そのうちに、だんだん治ってきて一年くらいで治ったんじゃないかな。

後片付け

父親と二人で使えるものと使えないものを分けながら、一ヵ月ほど後片付けをした。燃えるものはみな燃料にした、燃えないものはお宮さんの裏の池に捨てた。

荷物を運ぶ時には、牛が役に立った。

Q）後片付けはどうされたのですか。

みんなで片付けをした。みんなといっても、動ける人間だからおやじさんと私が中心だね。壊れてない柱や梁とか使えるものは何でもみんな取っておいて、使えるものと使えないものを分別しながら片付けをしました。もちろんすぐには終わらないから、まあ一ヵ月ぐらいはかかりっきりだった。

Q）家財とかはどうだったのですか。

壊れたり、ほこりまみれだったりしてね、使えないものはみんな燃やしちゃったからね。着るものとかも、当時は戦争中だったので良いものとかはなかったしね。着られないものも燃やしちゃった。あと片付けているうちに雨に降られてダメになったものもあったね。

仏壇はひっくり返って、壊れちゃった。それで、おやじさんが、その仏壇を作った仏壇屋へ行って、古い仏壇を買って、祀っていたけどね。

あと、鍋が梁の下敷きになって割れちゃってね。一一人家族が終始使うような、大きな鉄の鍋でね、しばらくはおかまを鍋代わりにして使っていたね。

Q）使えないものはすべて燃やしてしまったのですか。

燃料にできそうな燃えるものは全部燃やした。あと、壊れた瓦やトタンは、お宮さんの裏に池があって、そこへみんな捨てました。それがあってかどうか知らないけど、池は現在は埋め立てられてゲートボール場になっています（笑）。

Q）後片付けを手伝ってくれた人はいましたか。

家族だけでやった。そこらじゅうみんな、多かれ少なかれ被害があるからね。一二月の時に来てくれた岡崎の親戚も、見には来てくれたけど、もう「家を起こして」っていうことができる家屋被害状況じゃないしね。ただし、傾いただけだった本家の家については、筋交いを補強で入れていたね。

逆に言うと、私のところも自分のことで一生懸命でね、助けに行くこともできないし。どこも「自分のうちでやれることは自分でやる」って感じだった。

Q）片付けの時に役立ったものはありますか。

田んぼをやるために牛が一頭いたもんで、牛に車をつけて、その車にいろんなものを乗せて運んだりした。これは重宝しました。

Q）役場から何かものをもらった、助けに来てもらったとかはありましたか。

福地村の役場からは特に何もなかった。どこかの家に毛布が来たようなことをちょっと耳にしたことはあるけど、その他には何もなかったですね。

家の再建

地震から数ヵ月後、自分が兵隊に徴集される前に、新しい家を建てることにした。

大工に墨つけをしてもらい、あとは父親と二人で建てていった。

当時は資材がなくて、柱・くぎなどは古いもので何とか工面していった。

大工にもお金ではなく物納で払った。

役場が仮設の家を建ててくれると言ったが、すでに家を造った後だったことと、造ってくれる家も五坪で狭かったために集落で申し込んだのは三軒だけだった。

Q）片付けをしたあとはどうしたのですか。

図60　地震から数ヵ月のうちに，近所の大工さんにお願いして，私と父も協力して家を建てた．自分が兵隊にとられる可能性が高かったので，近所の家よりも再建を急がなければならなかった．

図61　地震から半年後の終戦前までには，家はだいたい完成していた．壁を作っている時に，頭上すれすれを米軍の艦載機がかすめていったのを覚えている．

それで片付けをしているうちに、「岩治が兵隊に行っちゃったら困るから、その前に家を造っておこう」ってことで、新しく家を建てることにした。使える古木をもとにして、家の南半分の二間だけを建てた。

Q）大工さんは自分で手配したのですか。

うん。その大工さんというのが、屋根から落ちて脊髄を傷めていた人で、気分のいい時しかやらない。「何とかならんか」って言って頼んだら、「やってあげるかのう」って言ってくれて。それで頼んで、普段やる墨つけ（木材などに墨糸・墨差しで線を引いたり印をつけたりすること）だけやってもらった。あとは、おやじさんと私と二人でやったんだけどね。

壁は自分で塗って。あと屋根とかは屋根屋さんに頼んでやってもらった（図60）。

Q）家を建てる時に気をつけたことはありますか。

そりゃあ、今度は地震が来ても大丈夫なように、あっちこっちに筋交いを入れて、とにかく倒れないようにしたね。

Q）大工さんに代金は払ったのですか。

その頃は、お金で何も買えない時だったので、私の家で採れた米とか野菜とかで物納したね。

Q）資材とかは足りたのですか。

当時は物がなくてね。建築材料も買えやしない。柱だけは、古いやつを何とか工面して建てたんだけど。金物がいちばん不足して、くぎなんかみな、古いくぎを抜いて、曲がったやつを伸ばして直してまた使った。それと造った家はもとの家よりも小さくしたので、何とか資材は足りたね。

あと今から考えると当時はボルトが全くなかった。ボルトがないと木材同士が引っ張りあった時に耐えられないからね。それで家が倒れるのが早かったのかもしれない。

Q）家を建てたのはいつのことですか。

壁を塗っていた時に、上空では艦載機（艦船に搭載される航空機）がバーッと高度を下げてやってきた記憶があるから、たぶん終戦前、地震から数ヵ月を過ぎたくらいだと思うがね（図61）。

Q）他の人たちはどうしたのですか。

役場か何かが仮設を造ってくれるということで、区長さんに申し込んだ家もあった。集落で確か三軒だけあった。ただし、うちはその時はすでに家を造っていたし、造ってくれるのが五坪の狭い家だっていうので断ったね。

Q）集落全体の家などがあらかた建て終わったのはいつ頃ですか。

そうだなあ、地震から一〇年くらいのうちには集落の家なども建て直し終わったと思う。この辺りはほとんどが農業なもんで、田んぼを耕していれば生きていくことができることも大きかったかもしれない。

働き手が二人健在だったことが、生活を立て直すための大きな要素だった。

家は頑丈にすべきだし、修理をする時もきちっと修理することが大切だと思う。

Q）生活を立て直すために大切だったことは何ですか。

父親と私が地震で健在だったことが、生活を立て直すためには大きな要素だったかもしれない。もしも、私が運悪く地震で死んでいたら、おやじさんが一人でやるしかなかった。そう思うと大変なことだね。

また、結局私は兵隊にも行かずに済んだので、戦後もそのまますぐ田んぼをやり続けることができたのも家にとっては大きかったね。

Q）今住んでいる家は……。

今住んでいる家は、一九九八年（平成一〇年）を過ぎた頃に息子が建てたのだけど、それまでは三河地震の後に造った家にずっと住んでいた。近所がどんどん良い家を造っていって、最後は集落で一番古いうちになっちゃってね（笑）。

とにかく「家は頑丈にしなければいけない」ということだね。あと修理するならば、きちっと修理をするのも大切なことだね。今から思うと、一二月の地震の時に家が傾くだけでなく壊れていたならば、一月の地震でたいへんな目に遭わないで済んだかもしれないね。

Q）三河地震に関する話は、子どもさんやお孫さんにされますか。

ほとんどしたことがないね。兄弟やおばあさんが亡くなったこともあって、三河地震の話をする時に、何だか申し訳ない気がするんだね。息子もテレビで東海・東南海地震のことなどを見て「そろそろ新しい家を造ろう」ってことになって新しい家を建てたのだけど、三河地震は体験した人がほとんどいなくなったこともあって、集落の中でも知られていないのかもしれない。

Q）ありがとうございました。

二　地域と災害情報

災害対策に必要な情報

黒柳のインタビューからは、道一本隔てて被害がまったく違うことへの気づきと驚きをうかがうことができる。自分の住んでいる土地の特徴や弱さ、地域の災害脆弱性に関する情報を知らなかったために、適切な対応ができなかった。自分の住んでいる土地が地震の揺れに対して弱い土地であり、また第五章で述べたような余震などに関する情報が地震後に報道されていれば、仮定の話ではあるが、一二月の東南海地震の後、しっかりと修理をし終える、しばらくは外のわら小屋やテントなど屋根の軽いところに寝泊まりする、本家に身を寄せるなどの何らかの対応も可能であったかもしれない。

昨今、全国のさまざまな自治体で「ハザードマップ」が作成されている。インターネットで公開されたり、パンフレット・小冊子・ポスター・大地図など、さまざまな形で各戸に配布されたりしている。ハザードマップとは、「自然災害などによって被害や影響が想定される地域について、地域内の各区域で予想される被害や影響の程度、さらには避難場所・避難経路や災害時の重要関連施設などの情報、その他の災害対策・災害対応に必要な情報が明示されている地図」である。

これらのハザードマップは、災害発生時もしくは災害発生の危険が高まっている時に、地域住民に避難などの対応行動を迅速かつ的確に実行してもらうことを目的としている。また平時においても、地域住民へ災害危険性や危険箇所等を周知したり、適切な防災対策を促進したりするための基礎資料にすることを目的として作成されている。

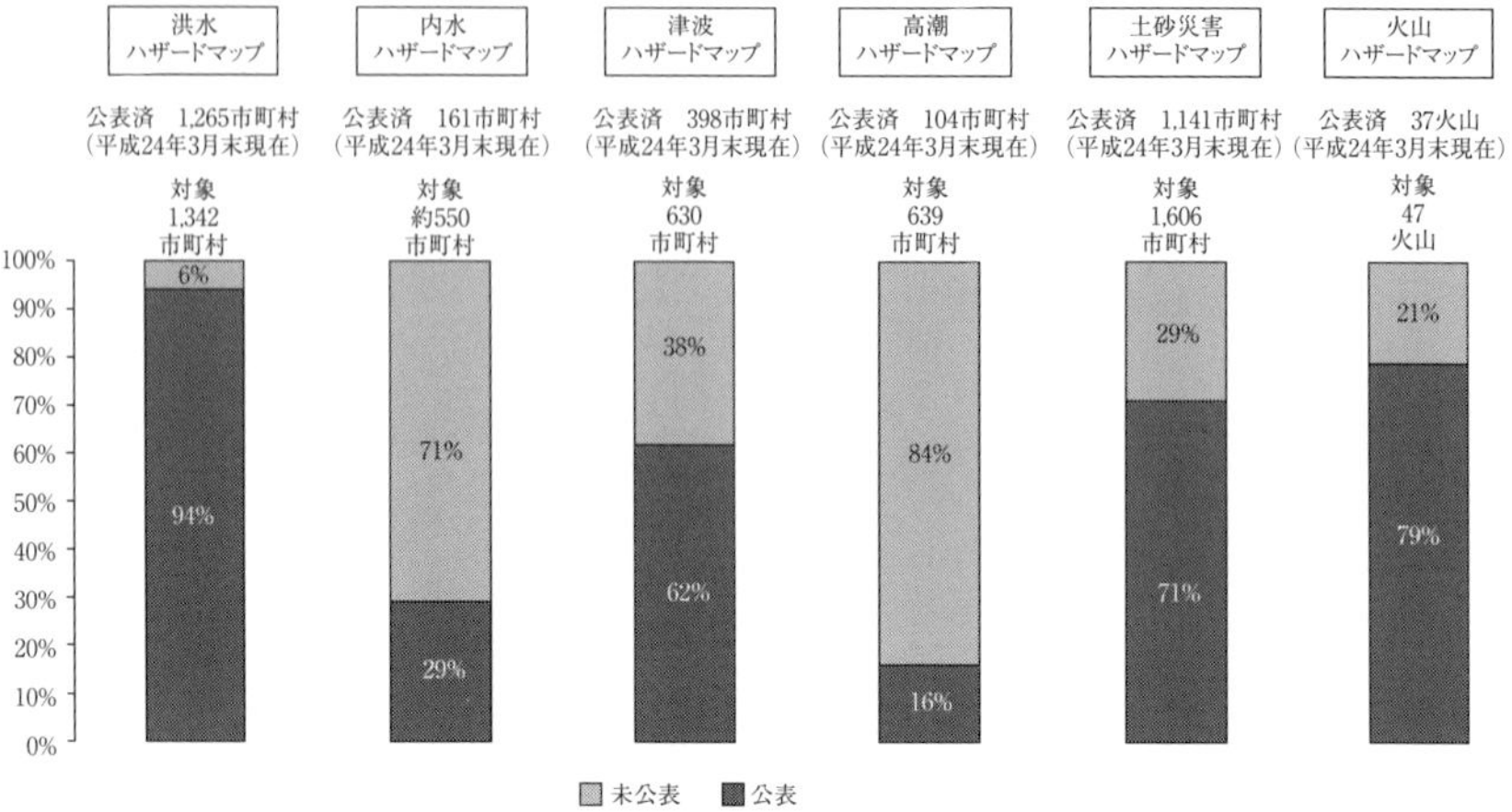

図62　ハザードマップの整備状況（内閣府　2013より）

日本の多くの自治体で作成されているハザードマップとして、地震・津波のハザードマップの他に、洪水ハザードマップ、内水（内水氾濫）ハザードマップ、高潮ハザードマップ、土砂災害ハザードマップ、火山ハザードマップなどがあげられる。ハザードマップの作成・整備状況を見てみると（図62）、洪水ハザードマップは九四％、火山ハザードマップは七九％、土砂災害ハザードマップは七一％、津波ハザードマップは六二％、内水氾濫（排水能力を超える短時間大雨などによって堤防内で雨水が氾濫すること）のハザードマップは二九％、高潮ハザードマップは一六％となっている（内閣府　二〇一三）。これらの多くはインターネットで公開されており、紙で印刷しやすい形でダウンロード可能である。各自治体のホームページからも調べることは可能であるし、国土交通省の「ハザードマップポータルサイト」からも検索可能である。

特に地震ハザードマップについては、同じく国土交通省のハザードマップポータルサイトの「地震防災・危険度マップを見る」を選択すると、地震に関して「震度被害マップ」「地盤被害マップ」「地盤被害（液状化）マップ」「建物被害マップ」「火災被害マップ」「避難被害マップ」「その他被害マップ」「総合被害マップ」など種類別に検索することができる。また独立行政法人　防災科学技術研究所の「地震ハザードステーション」では、国の地震調査研究推進本部が作成した「全国地震動予測地図」を見ることができる。これは将来日本で発生する恐れのある地震による強い揺れを予測し、予測結果を地図として表したものである。

ハザードマップの活用

このように現代日本社会では、地域と災害に関する情報がさまざまな形で公開されている。しかし住民のハザードマップに関する認知度や活用度は高くないのが現状である。各戸配布されても、そのままチラシとともにゴミ箱へ捨てる、保管されたとしても電話帳などと一緒に置きっ放しで読んだことがない、地図状のものが冷蔵庫などに貼ってあったとしても内容を理解していないなどの現状がある。

日本損害保険協会と野村総合研究所が、大阪市民を対象に行ったインターネット調査によると、アンケート回答者（五〇〇人）の約六割（二九六人）が、水害（洪水や津波、内水氾濫など）に遭う危険性について危機意識を持っていて、そのうちの約四割（全回答者の二割強）（一一四人）が、大阪市が「防災マップ」を作成・公表していることを知っていた。

しかし、大阪市「防災マップ」を知っている一一四人に、「何をもとに水害の危険性を判断しているか」（複数回答可）を尋ねたところ、「防災マップで自宅の浸水危険性を確認したから」と回答した人はわずか三割弱（三〇人）であり、最も多かった回答は「国内外で大規模な水害（洪水や津波、内水氾濫など）が発生しているから」（五割・五七人）といった一般論に基づく危機意識であった（日本損害協会・野村総合研究所　二〇一〇）。これでは、第三章で述べたような地域性に基づいた「わがこと意識」の向上には結びつかないことが考えられる。

またこの報告書では、インタビューやアンケートなどを通して、ハザードマップの有効活用策として、次の五点をあげている。

一、被害軽減に資するハザードマップの作成

ハザードマップの作成目的が曖昧で、被害軽減に資する地図になっていないため、住民に促したい減災対策や行動を明確にしたり、避難場所の収容力・避難経路など事前に調査・検討する。

二、わかりやすいハザードマップの作成

ハザードマップに掲載されている内容が専門的で難しく、住民にわかりにくいため、掲載する防災情報を目的の絞り込みなどを行って吟味したり、住民が直感的に目的を理解できたり専門用語を避けて平易にしたりして利用者中心のわかりやすい地図にする。

三、ハザードマップの認知度向上

ハザードマップの認知度は低く、災害に対する被害軽減ツールとして成熟していないため、ダイレクトメール等による一律配布に加え、地方公共団体と自主防災組織等とが連携し、住民一人ひとりに説明しながら配布したり、非常食などの防災セットのひとつとして定着するよう工夫する。

四、ハザードマップの解説者（説明者）の養成

住民の防災意識の向上を推進する体制が十分に整備されていないため、災害に関する情報の翻訳と助言ができる解説者を育成したり、防災ＮＰＯ（防災力向上を目指した活動などを行う非営利組織）などと連携して防災リーダーなど地域で人材を育成する。

五、ハザードマップを理解する基礎力の育成

ハザードマップの提供が、住民の防災意識の向上に十分寄与していないため、住民が災害について考え防災対策（行動）に取り組むことができるようハザードマップをリスクコミュニケーションツールとして

活用したり、住民が町内会程度の規模でハザードマップをつくりながら、主体的にリスクを考えるような住民参加によるマップ作成などの機会を設ける。

ハザードマップを用いた「わがこと意識」の向上

先に引用した五点の有効策について、住民・地域の立場では、特に五番目が重要である。災害や防災について興味を持ち「わがこと意識」を向上させるために、地域性・現実性を反映させたハザードマップを活用することである。

その時に、ハザードマップは「ただ配りっぱなし」では興味・関心のある人以外には、目にもとまらない。そのため、地域で行われる研修・訓練などで活用することで、ハザードマップへの理解と「わがこと意識」の向上の双方を図る試みが全国各地で行われている。

二〇一三年一月一四日、奈良県十《と》津《つ》川《かわ》村役場で「みんなで作る防災マップ（水害・土砂災害編）」の作成ワークショップが行われた。区長、総代、自主防災組織、消防団、婦人会など、当初の予定を超える約八〇名が参加した。

このワークショップでは、最初に基調講演「未来へつなげる防災マップづくり〜自助・共助・公助の役割分担を知る〜」（僭越ながら筆者が担当）で風水害・土砂災害から身を守るための基本的な考え方が示されたあと、拡大した住宅地図の上に、ハザードマップをもとにしながら、土砂災害警戒区域、河川や水路、救急車が入れない狭い道、危険箇所、避難所などを色鉛筆で塗ったり、通行止め予想箇所、災害時要援護者、人的・物的の防災資源などに色付きの丸シールを貼ったり、それらの情報をもとに具体的にどのような対応をすべきかを地図上に書き込んだりしながら「わが地区の防災マップ」を作成した。

最後に、完成した地図をもとに、わが地区では何が解決すべき課題となっていて「次回以降の防災訓練で何を重点課題として実施すればよいか」について発表を行い、参加者間で情報共有をした。参加者からは「大字単位での訓練が必要」「近隣大字との協力が必要」「村内は広く地域により多様な問題があるので、問題解決のために各地域での学習会が必要」などの感想があった（奈良県安全・安心まちづくり推進課　二〇一三）。

筆者はこのようなワークショップに多く参加しているが、この十津川ほどたいへんな熱気と議論に包まれたワークショップは見たことがなかった。というのも十津川村では、二〇一一年八月の台風一二号による紀伊半島大水害によって、死者・行方不明者一二人、全半壊住家四八棟、床下浸水住家一四棟、孤立地区一〇地区・一〇三世帯・一九五人という被害が、日本一大きな面積の村（二〇一四年一月一日現在、北方領土除く）において広範囲にわたって発生したのである（奈良県　二〇一三）。「紀伊半島大水害の教訓を無駄にしない」「この経験を生かして次は絶対に被害を出さない」という強い想いが参加者から伝わってきた。

これは決して人ごとではない。二一世紀前半は、「地震の活動期」とも言われているが、それに加えて爆弾低気圧やゲリラ豪雨などと一般的に言われる「異常気象」が頻発することも想定すべきである。「災害は時と場所を選ばず、頻繁に私たちを脅かすもの」という意識改革が必要である。次は自分の番かもしれない。これからは「健康問題」くらいの気持ちで「災害・防災問題」への危機感を持ちたい。「これまで丈夫な体だったからといって、未来永劫、丈夫な体ではないのだから体調管理する」のと同じように、「今までは無事に生きてきたけれども、これからも同じ調子で自然が自分の目の前に現れるとは限らないので、日頃から危機管理する」ように意識を変えていくことが大切である。

そのためには「わがこと意識」を持つことである。自分の地域で何が起こったのか、また起こるのか、その時に自分や地域にはどのような被害・影響や課題が生まれるのかを、身近な資料を活用しながら、一つ一つの対策に結びつけていくことである。

三河地震を体験した黒柳が、自分の住んでいる土地の特徴や弱さ、地域の災害脆弱性に関する情報を知っていたら、現代日本のような「防災マップ」が作られていたら、「防災マップ」を用いた訓練が地域で行われていたら、そして東南海地震後の余震、三河地震前の前震の時に、その意味と必要となる対応が詳しく報道がされていたら、すべて仮定の話ではあるが、対応は変わったかもしれない。私たちは、情報管制下の日本に生きているわけではない。入手しようとすればほとんどの情報を入手することができる。環境は整っている。あとは、使おうとする「人間の側の問題」である。黒柳が残してくれた貴重な教訓は決して「過去の日本の出来事」ではない。現代を生きる私たちに突きつけられている「今の私たちの課題」である。

第七章　災害の経験を次世代につなぐ

東南海地震・三河地震の被害像・被災体験・教訓について、これまで紹介してきた。本章では、このような災害の経験を次世代へつないでいくための取り組みについて考えていきたい。本章で対象とする次世代は「小学生」である。二一世紀前半に発生確率が高くなる南海トラフ巨大地震で、社会の中核を担っているのは彼らである。防災を広く根付かせるためには、子どものうちに教育の仕組みの中に「防災」を位置づける必要がある。具体的には、東南海地震の被災地の小学校で、被災体験談を用いて行われている防災教育を紹介しながら、歴史災害の経験・教訓を未来への防災・減災へと生かしていくために、どのような姿勢で災害に対峙していけばよいのか提案したい。

本章では、津波理解・津波避難が学習目標となる東南海地震の体験談について取りあげる。また、内陸型地震である三河地震の体験談を次世代につなぐ取り組みについては、拙書『歴史地震を防災教育に生かす―一九四五三河地震―』（木村　二〇一三）にまとめているので、興味があれば参照いただきたい。

一　防災教育の素材

教材をつくるための体験談

子どもたちへ知見を伝えていくためには、教材と教育プログラムの二点の整備が必要である。そこで小学生への環境防災教育における適切な体験談として、第三章で紹介した三國憲《みくにけん》の体験談を取りあげることにした。地震発生時に授業対象者である小学生とほぼ同じ年齢（当時八歳・小学二年生）であり、子どもたちの「わがこと意識」を特に現実性・人間性の面からより高めることができると考えたからである。

以下に三國の体験談をもう一度簡潔に要約する。

地震は午後一時半頃で、外で友だちと遊んでいた。その時に地鳴りがして、数秒後に大きな揺れがやってきた。立っていられない揺れの状態が五〜一〇分くらい続いたように感じた（図63―1）。

地震の後、弟が「学校に行く」と言ったため、海辺にある家ではなく高台の学校に向かった。地震のあとに津波が来ることは、当時は知らなかった。学校へ行く途中、石垣は至るところで崩れていたが、家の倒壊は一軒もなかった（図63―2）。

学校に着くと大勢の人が避難して、家族を捜す人でごったがえしていた。ほどなく、学校にいたおじいさんが「津波がくるぞー」と叫んだので、入江を見ると、湾の潮が全部引いて、どす黒い波が押し寄せていた（図63―3）。

津波は家などを壊して土煙を上げながら、奥へ奥へと押し寄せていった。恐怖心でただただ茫然として見ていた。津波は何回にも分けて来て、津波同士がぶつかり波柱が立った。第三波が一番高かった（図63―4）。

家族のうち、母と末の妹が家にいた。地震の後、母は位牌と貴重品を風呂敷につつんで、ちょうど帰ってきた兄と家を出ようとしたところ津波に流された。母と兄は妹の手をしっかり握っていたが、一番大きな第三波の時に手を離してしまった（図63―5）。

母は泳げなかったが、津波でガレキに押し挟まれたため、引き波で体を持っていかれることなく助かった。兄は、松の木にしがみついたまま気を失っていた。母も兄も通りすがりの人に助けてもらった（図63―6）。

図63　教材をつくる

日が暮れる頃に学校で母と兄に再会した時、こらえていた気持ちがいっぺんに出て、泣き崩れてしまった（図63—7）。家が流されたので学校の教室で夜を過ごすことになった。ストーブもなく寒い教室の中で、病人・ケガ人・年寄りが毛布に寝かされていた。夜に親戚が学校に様子を見に来てくれ、そのまま親戚宅で一晩お世話になった。翌日、父が出張先の熊野から、崖崩れや地割れの中を歩いて峠を越えて帰ってきた。親戚宅に何晩も世話になるわけにいかず、近くの教員住宅の部屋を借りた。

朝から晩まで妹の捜索は続いた。妹が着ていたもんぺは竹やぶで見つかったが、一週間後、沖合で遺体が見つかった（図63—8）。

賀田の集落では一八人が亡くなった。津波で流されて助かった人は五〜六人だった。津波から一〇日後に合同葬を行った。地震の後、一緒に学校へ避難した人も、位牌を取りに帰ったために津波で亡くなった。水死体なので火葬にはできず土葬した（図63—9）。

官舎に住んでいた三軒のうち、賀田出身の家族は高台に避難して助かったが、私の家を含む二軒では亡くなった人が出た。私の両親は秋田県の出身で津波を知らなかった。また、隣の娘さんが股をケガして「死んだ方がよかった」と言っていたのが気の毒だった。

山からの水を飲み水・生活用水として利用していたので、水は不自由しなかった。しかし食べ物については、玄米が潮に浸かってしまい、とても食べられるものではなかった。電信・電話や電気などもダメになった。電気は正月過ぎに復旧した。支援物資は自治会単位で分配した。もらったズボンと上着を着て学校に行ったら、みんなに「素敵だ」と言われて照れくさかった。

一週間ほどして、姉の嫁ぎ先の家で一年半ほどお世話になった。その後、元の家の近くの少し高いところに土地を借りてバラックを建てた。すると地震から二年後の昭和二一年一二月二一日に南海地震が発生した。潮位は低くて死者はなかったが、海辺に建てたバラックがみな流された。しかし自分の家は高台に建っていたために被害に遭わずに済んだ（図63―10）。

現在は集落でも高いところに住んでいるため、津波の危険性はほとんどない。ただ数年前の地震の時、海沿いでうろうろしている人がいたために怒った。特に四〇代以下は、津波の怖さを知らないので無鉄砲だと思う。地震と津波は今まで生きてきた中でも本当に怖かった。

なぜ体験談を教材にするのか

三國の被災体験談をもとに、教材の作成を行った。教材は、指導者が用いるスライド（パソコンのパワーポイントファイル）と、子どもたちが授業で使用する学習プリント（ワークシート）である。被災体験談を教材に取り入れるのは、子どもたちの学習の特徴を教材に反映させるためである。防災に関する子どもたちの学習の特徴として、図64にあるような「無関心→気づき→正しい理解→災害時の的確な判断と行動」という四段階による学習過程を

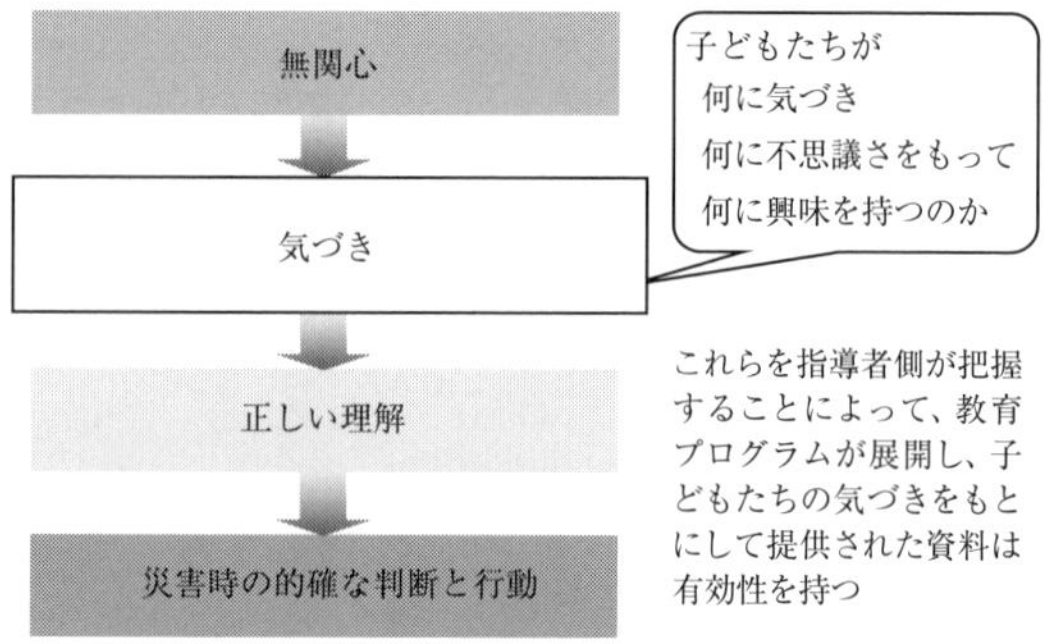
無関心
気づき
正しい理解
災害時の的確な判断と行動
子どもたちが
何に気づき
何に不思議さをもって
何に興味を持つのか
これらを指導者側が把握することによって、教育プログラムが展開し、子どもたちの気づきをもとにして提供された資料は有効性を持つ

図64　子どもたちの学習の特徴

考えることができる。この中で、特に子どもの防災学習にとって肝要なのが「気づき」である。指導者の立場で言うといわゆる「つかみ」であり、子どもたちが「学習する内容に対して興味・関心、好奇心、不思議さ、疑問が湧き上がる」という「気づき」の部分を誘発することが学習の前提条件になる。

子どもが気づきを持ったことを指導者側が把握することによって初めて教育プログラムが展開し、子どもたちの気づきを受けて提供された時に教材や資料が初めて有効になる。子どもにとって気づきを誘発しやすい事象として、いわゆる伝記に代表されるような「一人の人間が、時間経過に伴ってどのようなことを考えて行動し、どう変化していくか」という人間に焦点を当てた物語があげられる。そのため、教材として、自然現象の原理・法則についての解説ではなく、時間経過に伴う被災者の実際の被災体験を材料としたのである。

ワークシートの作成

三國憲の体験談をもとにして作成した、子どもたちの学習プリント（ワークシート）をまとめた冊子が図65である。これを三國の体験談を聞いたあとに使用する。

「三國憲さんは、地震でどんな体験をしたのでしょうか。絵をヒントに思い出してください」という問いかけの下に、質問に対して絵を見ながら場面を思い出せるよう、また津波理解・津波避難に必要な七つの要素の理解を確認できるような問いを立てた。

問一では「外で遊んでいたときに地震が起きました。地震のあと、憲さんと弟は、自分の家ではなく学校に避難をしたため、命が助かりました。なぜ、学校に避難をすることで命が助かったのでしょうか」という問いを立て、「家は海の近くに建っていたが、学校は海よりもかなり高いところに建っていたため、津波がやって来なかった」を解答例とした。ここでの指導のポイントは、「津波避難の鉄則は『高所避難である』ことを理解させる」

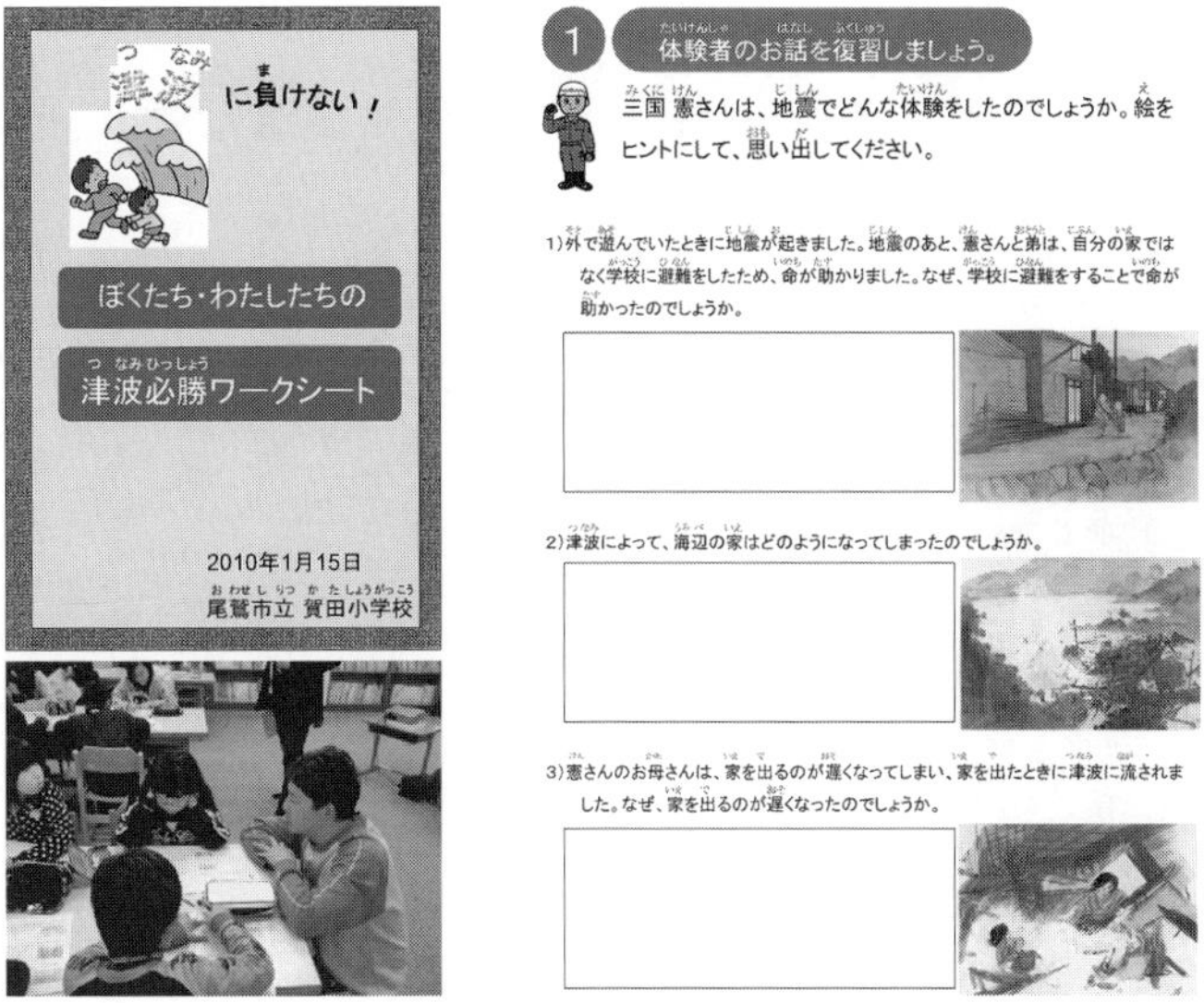

図65 『津波に負けない！ぼくたち・わたしたちの津波必勝ワークシート』

である。

問二では「津波によって、海辺の家はどのようになってしまったのでしょうか」という問いに、「津波によって、家は壊され、壊された家を飲み込み（押し流し）ながら津波はどんどん奥へ押し寄せていった」を解答例とした。ここでの指導のポイントは、「一、単なる破壊現象以外にも、津波挙動の特徴『そのまま奥へ押し寄せていき、ガレキを含んだ濁流は泳ぐことが出来ない』（三國談）を伝える」と、「二、『津波と台風の高波の違い』（三國談）を教える」である。

問三では「憲さんのお母さんは、家を出るのが遅くなってしまい、家を出たときに津波に流されました。なぜ、家を出るのが遅くなったのでしょうか」という問いに、「お母さんは家の中で、貴重品や位牌（仏壇のなかにいる仏さま）を持って逃げるために、風呂敷につつむのに時間がかかったから」を解答例とした。指導のポイントは、「一、津波避難は時間をかけてはいけない」「二、竹村玉枝さんの死因（忘れもの引き返し）（三國談）も伝える」「三、森岡重太郎夫妻の死因（一度流されたら助けることができない）（三國談）も伝える」である。

問四では、「津波で流されたにもかかわらず、憲さんのお母さんとお兄さんは、津波から助かることができました。なぜ、助かったのでしょうか」という問いに、「お母さんは、津波が引くときに家のガレキに体をはさまれ、お兄さんは、松の木にしがみついていたため、津波の引き潮で海に流されなかった（体を持っていかれなかった）」を解答例とした。指導のポイントは、「一、津波に実際に流されると偶然でないかぎり命は助からない」「二、母は『泳げなかった』ため、命が助かったのはとても幸運だった」「三、お兄さんは若くて体力があったから、偶然そばにあった松の木をつかむことができた」である。

問五では、「津波で流された妹の服は、竹やぶで見つかりました。亡くなった妹の遺体は、津波から何日後にどこで見つかったのでしょうか」という問いに、「津波から一週間後に、海の中（沖合一〇〇メートルのところ）で、船に乗っている人によって見つけられた」を解答例とした。指導のポイントは、「一、一週間、毎日のように捜索しても見つからなかった家族の気持ちを考えさせる」「二、津波での行方不明者捜索が生存者の対応課題となり、それ以外の生活再建課題より優先事項になる（早期生活再建のためには行方不明者は出してはならない）（高学年向け）」である。

問六では、「憲さんの両親は津波がやって来るまで『津波』とは何か知りませんでした。なぜ憲さんの両親は、津波のことを知らなかったのでしょうか」という問いに、「憲さんの両親は、賀田（海ぞいの場所）の生まれではなく（秋田県〈山間部〉の生まれで）、津波について体験したことがなく、津波の話も聞いたことがなかったから」を解答例とした。指導のポイントは、「一、津波への理解欠如が生死をわける原因になる」「二、『秋田県には津波伝承がなかった』ことが津波理解欠如の原因であることを伝える」「三、隣の和歌山の山間部出身の家族は二名死亡、二軒となりの賀田の集落の家族は皆無事であることを確認する」である。

問七では、「二年後に、ふたたび地震と津波がやって来ました。しかし、憲さんの家は無事でした。なぜ無事だったのでしょうか」という問いに、「少し高いところ（高台）に家を建てたために、津波で流されなかった」を解答例とした。指導のポイントは、「一、津波教訓をもとにした対応が被害の軽減につながる」「二、海辺に建ててあった家（仮設住宅、バラック）はみな流された」「三、材木が流されて、製材工場のボイラーに当たってボイラーが爆発したなどの二次被害もあったことを伝える」である。

このように、体験談を聞いたあと、災害後のそれぞれの場面について絵を見ながら、体験談を思い起こし（想起）、ワークシートに記入（再生）することで、災害・防災の知見・教訓を心の中に深く根付かせることを意図している。

二　防災教育の実践と効果

小学校でのプログラムづくりと実践

これらの教材をもとに、三重県防災危機管理部地震対策室、三重県教育委員会等と協力して、二〇一〇年一月一五日に尾鷲市賀田小学校にて「防災学習プログラム『津波からいのちを守れ！』」を実施することとなった。

作成した教材をもとに、小学校の担当者と打ちあわせをした結果、賀田小学校は児童数の少ない小学校のため、四年生（一一名）、五年生（一〇名）、六年生（七名）の三学年計二八名に対して二時間の防災教育プログラムを実施することとなった。

まず授業の達成目標を、一時間目「津波で何が起きたの?」(被災体験談による地震・津波災害への「気づき」を醸成する)、二時間目「僕たち/私たちはどうすればいいの?」(ワークシート学習によって災害イメージを醸成する)と設定し、プログラムの詳細を立案した(図66・67)。

一時間目のプログラムは、最初の一〇分がインストラクションおよびチェックリスト(評価シート)の記入、次の一〇分が地震・津波がもたらす被害・影響について映像・画像をもとにした紹介(東南海地震における地域被害についても紹介)、残りの二五分は被災体験者(三國憲)と司会者との対談形式の語り聞かせである。

体験談の語り聞かせについては、「語り手の一方的な話になってしまい時間オーバーする」「伝えたい要点がまとまらず時間切れになる」「言葉による提示で、子どもの注意を引き続けられず理解を促進できないまま災害イメージの醸成ができない」というしばしば発生する事態を回避するために、いくつかの工夫をしている。①司会者との対談形式によって時間管理をする、②被災者が話す内容に即した絵画を背後のスクリーンに表示することで子どもたちの理解を促進させる、③対談と絵画によって伝えたい要点がオムニバス形式で提示され子どもたちを飽きさせないようにする、といった三点である。

二時間目のプログラムは、子どもたちはワークシートに解答し、またその過程で被災者が教室を巡回して子どもたちと交流を持ちながら答え合わせをしていくことで、「記憶の定着化を図ると同時に、災害を身近に感じて『気づき』を得る」ための時間とした。またワークシートの各問題において、関連する地震・津波災害についての知識もあわせて学習してもらった。地震・津波災害についての知識は、三重県防災危機管理局と三重県教育委員会が作成した全一二頁の「地震防災ガイドブック(小学生版)」を副教材として各児童に配布して利用してもらった。津波に対する「気づき」ができて、地震防災ガイドブック(小学生版)を見た児童は、指導者側からのインストラクションがなくても、自発的に興味深く目を通しており、一部の児童は互いにガイドブックの内容を見

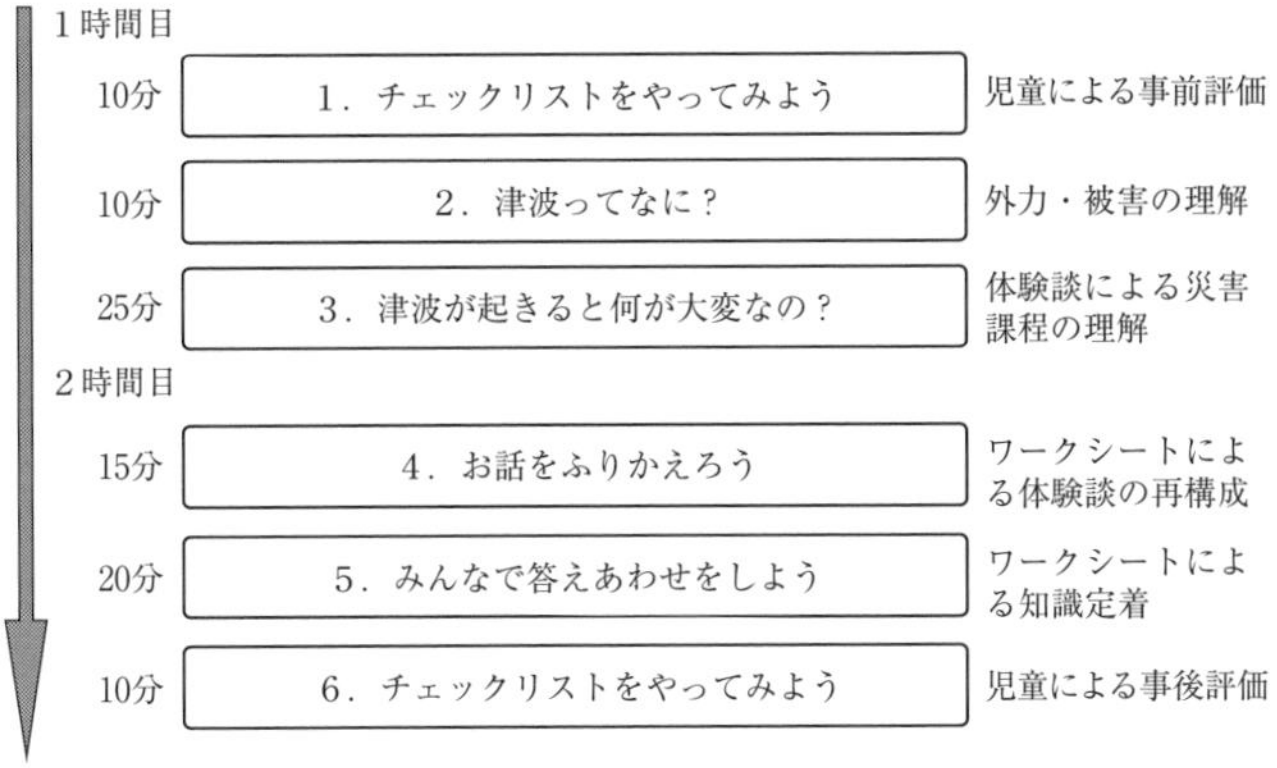

1時間目

10分	1．チェックリストをやってみよう	児童による事前評価
10分	2．津波ってなに？	外力・被害の理解
25分	3．津波が起きると何が大変なの？	体験談による災害課程の理解

2時間目

15分	4．お話をふりかえろう	ワークシートによる体験談の再構成
20分	5．みんなで答えあわせをしよう	ワークシートによる知識定着
10分	6．チェックリストをやってみよう	児童による事後評価

図66　防災学習プログラム（1）

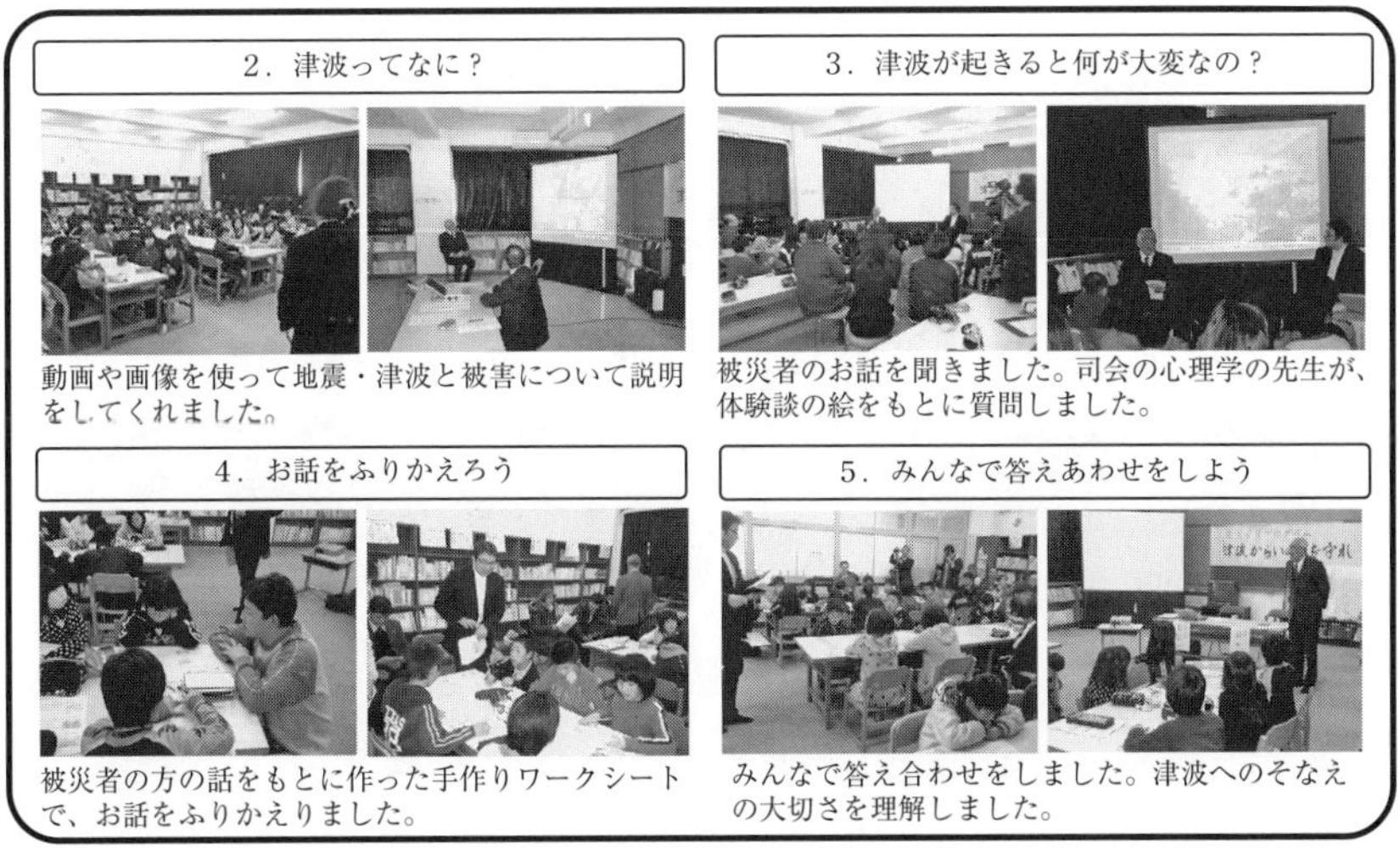

図67　防災学習プログラム（2）

せあいながら「津波ってほんまにヤバいんやな」と確認しあっていた。

実践と教育効果

実施した教育プログラムを評価するために、プログラム実施前と実施後に児童に対して評価シート（質問紙）を配布して「災害に対する自己評価・理解の変化」を回答してもらった。これは、教授学習の研究者であるロバート・M・ガニェが「評価は、あくまでも学習者のパフォーマンスの評価で表現する」と定義していることに基づくものである（岩崎・鈴木監訳 二〇〇七）。質問紙では、一四の自己評価・理解に関する項目を提示して、現時点での自分にあてはまるかどうかについて「1．そう思わない～5．そう思う」までの五段階で評価してもらった。参加した賀田小学校の四年生～六年生の児童二八名を対象に、プログラム前とプログラム後における災害に対する自己評価・理解の変化を回答してもらった。

ここからは統計的な情報が入るために、ご存知でない方は本段落の数字・記号のところを読み飛ばしていただきたい。プログラムを通して理解が促進された項目を見るために、対応のあるt検定（等分散の検定を含む）で分析を行い、統計的に有意な項目を見ると（図68）、「地震とはどんな自然現象かを知っている」（t(27)＝−5.20, p＜.01）、「津波とはどんな自然現象かを知っている」（t(27)＝−4.26, p＜.01）、「地震は自分たちにとって身近なできごとだ」（t(27)＝−2.38, p＜.05）、「地震や津波のあと、自分たちが毎日どんな生活を送るのかをイメージできる」（t(27)＝−2.37, p＜.05）といった項目について、プログラムを通して理解が促進された。津波について、賀田は地形的にも歴史的にもよく知られている地域であるが、地震や津波そのものおよび地震や津波が自分の生活にどのような影響を与えるのかについての理解がさらに促進され、地震や津波をより「わがこと」ととらえていることが考えられる。

また「地震や津波のあと、自分が何をすればよいのか具体的に知っている」（t(27)＝−2.35, p＜.05）、「地震や津波

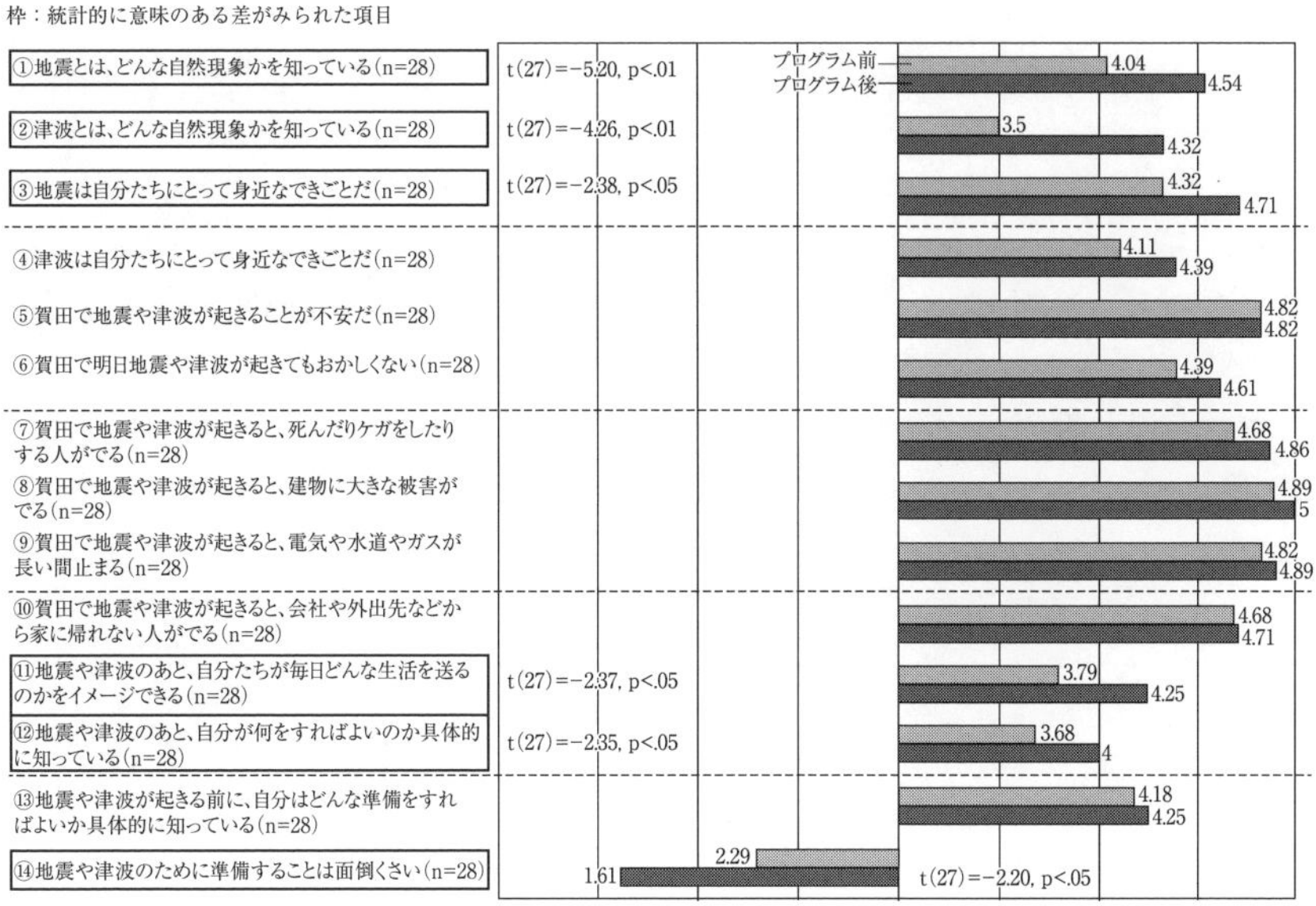

図68　実践したプログラムの教育効果測定

のために準備することは面倒くさくない」（t（27）＝2.20, p＜.05）といった地震や津波に対する具体的な対策・対応行動についての理解も促進され、二時間の防災教育プログラムには一定の効果があることがわかった。

映像教材の作成

本実践後「プログラムを行う度に、小学校へ被災者の方をお呼びするのは、費用の面でも被災者の年齢・健康の面でも効率的ではない」「校外の人を呼ぶような準備がいらない、気軽に実践できるプログラムにしてほしい」と要望があがった。

そこで、三國の協力のもとに、被災体験談を映像化することとなった。映像は、学習プログラムにおいて被災者体験談の語り聞かせのパートに割り振られた二〇分程度のものを制作した。映像制作について、素人の撮影・編集では、大人はもちろん子どもの視聴にも耐えないとの理由で、映像の専門業者に依頼をした。撮影では、筆者や三重県などの防災の専門家・実務家が立ち会い、編集では専門家・実務家からの方針提示

図69　映像教材

や数度の修正依頼をもとに映像を制作していった。

映像化では、以下の四点の方針を提示した。①飽きさせないようにする（細かく場面を切る。絵画、資料写真・映像を挿入する）、②「生の声」として追体験できるようにする（時間経過に沿った流れに編集する）、③対象者に伝わる内容にする（テロップ、スーパー、ルビを振る〈昔の生活に関する単語（例：空襲警報）、歴史的事実（例：第二次世界大戦）、専門用語（例：筋交い）〉）、④映像による学び（学習目標）を明確にする（ワークシートにおける問いとの関連性を明確にし、漫然とした映像にしない）。これらの方針のもとに制作された映像が図69にあげられたものである。これを映像教材として追加し、映像教材、ワークシート、プログラム（指導案）をもとに、「どこでも」「気軽に」活用することができる、汎用性の高い学習プログラムを開発することができた。

防災教育の可能性

本章では、南海トラフ巨大地震の発生がもっとも危険視されている時期に、社会の中核を担うことになる小学生たちが、災害・防災というものに対して「気づき」を持ち、災害を理解し、災害に対する「わがこと意識」が向上し、災害に対する対策・対応行動を促進するような、防災教育を実践するための防災学習プログラム・教材を開発した。

防災教育とは、災害を発生させないために未然防止・抑止に向けて取り組んだり、発災時には迅速・的確な対応によって被害を最小限に軽減したりすることを目的とした教育である。学校では、地震・津波・噴火・風水害などの自然災害の他に、事故などの人的災害や犯罪等も含めた広義の防災教育を実施しているところもある。

防災教育という文言自体は、学習指導要領には明記されず、小学校第五学年の社会や中学校地理的分野に「防災」という単語が散見される程度であり、各学校の判断によって総合的な学習の時間や安全教育の一環として取りあげられているのが現状である。このような個別の活動に対しては、たとえば内閣府などが二〇〇四年から「防災教育チャレンジプラン」として、防災教育活動を資金面・人材面・情報面で支援しており、ホームページからその素材を入手することができる。

しかし、二〇一一年の東日本大震災で多数の児童生徒等に甚大な被害が生じたことから、文部科学省では有識者会議を立ち上げ、防災教育の指導時間の確保、系統的・体系的な整理、教科等としての位置づけなどの検討を進めているが、まだ一部の「頑張っている」学校・教員のみが先行して行っているのが実情である。

従来の防災教育は、外部講師などを招くイベントを中心に、「地震のしくみ」や「建物の壊れ方」「台風時の行動」など抽象度の高い事象を学ぶものが多かった。学校側も「外部講師を呼んでイベントを行う『ハレ』の日であり、担任と児童・生徒間の関係間での学習ではない」という認識があった。

しかし、本章のような地域の自然・社会環境を歴史的観点から理解することで防災を学ぶようなプログラムは、災害国日本において、全国各地域の歴史災害を題材とすることで全国の学校で展開可能である。体験談収集・視聴覚教材作成については、子どもによる地域学習、図画工作、夏休み自由研究、視聴覚関係教員による映像制作実践などの教育活動に応用することができる。また他地域で作成された被災体験については、「一人の人間が災害という困難な状況をどのように乗り越えていったのか」という教材として総合学習のみならず国語や社会科教材としても有用である。

歴史災害は、その実態・知見・教訓など、さまざまなことを私たちに語りかけてくる。そしてそれらの多くが未来の防災・減災につながる知恵となる。歴史災害は、私たち人間そして社会への警鐘にもなり財産にもなる。私たちは歴史を知り、未来へ語りつぐ努力を忘れてはならない。

あとがき

東南海地震・三河地震という二つの地震について、先人たちのさまざまな成果、被災者の方々の経験をこのようなかたちでまとめることができた。

大学院生として関西で阪神・淡路大震災の研究をしていた私が、初めて就職したのが名古屋大学であった。二〇〇三年四月である。当時の愛知県は前年（二〇〇二年）四月に「東海地震に係る地震防災対策強化地域」に追加指定され、「静岡と同様、愛知も地震に無縁ではない」と、愛知県内で地震防災の機運が高まろうとしている時であった。幸運にもそのような地域に赴任をして仕事をする中で、初めて愛知県内で地域住民を対象に講演をする機会を得た。

過去の災害として、私の研究テーマであった阪神・淡路大震災の実態と教訓について講演をしたところ、参加者の感想は「阪神・淡路大震災を紹介されても、私たちにとっては『外国のような他所の土地の出来事』でピンと来ない」「最近『東海地震で被害を受ける』などと騒がしいが、たぶん愛知県はほとんど災害が起こったことがないから、神戸のような心配をしなくてもよい」といったものであった。防災活動とはほぼ無縁の人たちからの、このような反応に、数ヵ月前まで大学院生であった私は大きなショックを受けた。

しかしそれは生活者としての正直な危機意識であった。一部の「防災マニア」を除いた多くの人々にとって、災害は他人事であり対岸の火事である。犯罪や健康問題などと比べると発生頻度の低い災害は、「起こったら大変かもしれない」というぼんやりした印象だけで、対応につなげることがなかなか難しい事象なのである。しかし大災害は、起こったその一回の本番で、命や住まいを失うことにつながる。そして二一世紀前半は、地震の活動期であり、南海トラフ巨大地震をはじめさまざまな地震活動の発生が想定されている。このような事態に対して、いかにして防災・減災に対して「わがこと意識」を持ってもらえるか、悩み抜き、辿り着いた結論が「愛知県の地元の歴史災害」であった。

驚いたことに、三河地震だけでなく、昭和の東南海地震で被害があったことも知らない住民は多かった。隠されて表立った情報があまり残っていなかったこと、戦後の混乱期と高度経済成長の中で地震災害を取りあげる機会が少なかったこと、そのような中で世代交代が進み、知見・教訓の伝承が進まなかったことなどが原因として考えられる。

東南海地震・三河地震の実態・教訓や、愛知県内で想定されている災害を紹介することで、「愛知県でも阪神・淡路大震災や新潟県中越地震のような地震があったことをはじめて知った」「この地帯はひっきりなしに地震が起こっていることを再認識した」といったかたちで、「わがこと意識」を持ってもらえるようになった。そしてこのような「わがこと意識」によってはじめて、愛知県の人たちにとっては他所の出来事である阪神・淡路大震災や中越地震などについても、私たちが知るべきことは何か、私たちに生かせる教訓は何かを知ろうとする動機につながっていったのである。本書では、東南海地震・三河地震を取り上げたが、読者が居住する地域にも必ず歴史災害はある。最近は自治体のホームページなどでも取りあげられるようになった。「自分の住むこの地域で過去に何が起こったのか」を知ることで、日常とは違う「地域のもう一つの顔」を理解することは、地域と共に生きていくために必要なことである。

本書の今後の課題として、「歴史災害の教訓を、いかに具体的な防災・減災対策に結びつけながら、未来へとつなげていくか」というものがある。本書の第三〜六章でも、体験談の後に、その災害から私たちが何を学ぶことができるか短くまとめた。体験談から得られる教訓は数多い。しかし、本書では論がブレることを避けて、その中の一つに的を絞って紹介をした。第三章冒頭でも述べたが、「被災体験談」は、人々の「気づき」や「わがこと意識」を誘発することができる有用なコンテンツである。

本書では、一人の被災者に焦点を当てて、時間経過に伴った心理・行動の変化や生活再建過程を追っていった。これを縦糸とするならば、もう一つのまとめ方がある。それはあるテーマ、たとえば、地震直後の心理状態、安否確認、救助救出、避難行動、住まいの再建、地域での共助の内容、親戚とのつきあい、後片付けなど、あるテーマについて各被災者がどのような実態であったのかを横断的に整理して、そこから私たちが学ぶべき防災・減災の対応行動を提案することである。これを横糸と考えている。私の論文では、いくつかのテーマについてこのような横糸を紡ぎ出す試みをしている（たとえば、木村・林 二〇〇六・〇七など）が、これらは特徴的な一部の被災体験談を対象に整理したものでまだ不十分である。今後は、インタビューを行った被災体験談を中心に、東南海地震・三河地震のあるテーマにおける心理・行動の全体像を描き、それが他の災害にも当てはまる普遍的な教訓か、もしくはある条件のもとにあてはまる教訓かもあわせて提示することで、災害時の心理・行動の体系化と適切な防災・減災の対応行動の提案に開花させていきたい。

本書を執筆するにあたり、多くの資料を掘り起こしてくださった先人たち、つらく悲しい体験談を記録として後輩に残してくださった東南海・三河地震の被災者の皆様に、心より敬意と感謝を表したい。また、本書には掲載されていない被災者の方々にもたくさんのことを教えていただいた。紙面の都合で限られた方のインタビューしか掲載されていないが、興味のある方は『三河地震60年目の真実』（中日新聞社、二〇〇五年）、『歴史災害を防災教育に生かす—一九四五三河地震—』（古今書院、二〇一三年）をご一読いただきたい。

元新聞記者の山根康治郎氏からは、東南海地震の被災体験と報道管制の実態の双方について、時代背景もよくわからない私に対して懇切丁寧に教えていただいた。

また、前著に引き続き、日本画家の阪野智啓氏と藤田哲也氏には、人の心に深く訴え「わがこと意識」が高まるような絵画を作成いただいた。被災体験談を絵画化する活動を始めた当初は、愛知県立芸術大学の非常勤講師だったお二人も、いまや画壇を賑わす画家である。さらに、関西大学社会安全学部の林能成先生とは、理科系の林先生と文科系の私が共にインタビューを行い、その後、内容を振り返りながら議論をしていった。この時に、お互いに「見えていない」点が多くあったことが驚きであった。文理融合型研究の必要性を痛感するとともに、シナジー効果（相乗効果）によって、林先生とは多くの論文を共著させていただいている。

そして、遅筆の小生に対し、二年にもわたって辛抱強く言葉をかけ続けてくださった、吉川弘文館一寸木紀夫氏、編集過程で多くの的確な助言をくださった冨岡明子氏には感謝の言葉しか出てこない。

最後に、私事で恐縮だが、家族・親族・友人たちにこの場を借りて深く感謝をしたい。たくさんの被災者のつらさ・悲しさをまとめていると、胸がつぶされそうになることがあるが、同時にそのようなつらさ・悲しさを受け止めて、次へつないでいかなければという気持ちも不思議とわき上がってくる。私が幼い頃から周囲の人々の慈しみ受けてきた結果なのだろうと、今では理解している。

二〇一四年一月

著　者

参考文献（ウェブサイトからダウンロード可能なものはＵＲＬ〈二〇一四年三月時点〉も併せて表記）

安城市歴史博物館（二〇〇六）『企画展　三河地震—直下型地震の恐怖—』同館
安藤雅孝・川崎一朗（一九七三）「低角逆断層近傍の加速度—上盤側と下盤側の被害の非対性について—」『日本地震学会秋季大会講演予稿集』一〇七頁
安藤雅孝（二〇〇七）「東南海地震」中央防災会議・災害教訓の継承に関する専門調査会『一九四四東南海・一九四五三河地震報告書』（http://www.bousai.go.jp/kyoiku/kyokun/kyoukunnokeishou/rep/1944-tounankaiJISHIN/）
飯田汲事（一九七七）『昭和一九年一二月七日東南海地震の震害と震度分布』愛知県防災会議
飯田汲事（一九七八）『昭和二〇年一月一三日三河地震の震害と震度分布』愛知県防災会議地震部会
岩崎信・鈴木克明監訳（二〇〇七）『インストラクショナルデザインの原理』北大路書房（Robert M. Gagne, Walter W. Wager, Katharine C. Golas and John M. Keller: Principles Of Instructional Design (5th ed.), Wadsworth Pub Co, Belmont, CA, 2004.）
宇佐見龍夫（二〇〇三）『最新版　日本被害地震総覧［四一六］—二〇〇一』東京大学出版会
小澤邦雄（二〇〇七）「静岡県の被害・救済」中央防災会議・災害教訓の継承に関する専門調査会『一九四四東南海・一九四五三河地震報告書』（http://www.bousai.go.jp/kyoiku/kyokun/kyoukunnokeishou/rep/1944-tounankaiJISHIN/）
尾鷲市総務課（一九八四）『昭和一九年一二月七日発生　東南海地震体験談集』同課
尾鷲市立矢浜公民館（二〇〇一）『東南海地震体験談集』同館
尾　鷲　町（一九四四）『昭和十九年十二月起　地震・海嘯災害関係書類綴　町長』写（三重県史編さん室）

河田惠昭（二〇一一）「百年後のふるさとを守る」光村図書編『小学校　国語　五　銀河』

気　象　庁（二〇一三）『平成二五年三月　津波警報が変わりました』気象庁リーフレット、同庁（http://www.jma.go.jp/jma/kishou/books/tsunamikeihou/）

北原糸子・松浦律子・木村玲欧編（二〇一二）『日本歴史災害事典』吉川弘文館

木股文昭・林能成・木村玲欧（二〇〇五）『三河地震60年目の真実』中日新聞社

木村玲欧（二〇〇七）「報道管制の概観」中央防災会議・災害教訓の継承に関する専門調査会『一九四四東南海・一九四五三河地震報告書』

木村玲欧（二〇〇八）「人間の津波認知から明らかになった避難のあり方―一九四四年東南海地震・被災者体験談をもとにして―」『歴史地震』第二三号、一三一～一四一頁（http://www.u-hyogo.ac.jp/shse/rkimura/08HE_Reo_color.pdf）

木村玲欧（二〇一〇）「環境防災教育で「気づき」を高めるための視聴覚プログラム教材の開発」『土木学会・安全問題研究論文集』五巻、一六三～一六八頁（http://www.u-hyogo.ac.jp/shse/rkimura/08HE_Reo_color.pdf）

木村玲欧（二〇一三）『歴史災害を防災教育に生かす―一九四五三河地震―』古今書院

木村玲欧・林能成（二〇〇五）「被災体験の絵画化による災害教訓抽出・整理手法の提案―一九四四年東南海地震・一九四五年三河地震を事例として―」『歴史地震』第二〇号、九一～一〇四頁（http://www.u-hyogo.ac.jp/shse/rkimura/05HE_Reo_color.pdf）

木村玲欧・林能成（二〇〇六）「一九四五年三河地震の被災者心理と行動パターン―災害発生後一〇〇時間　失見当、救助・救出、安否確認―」『歴史地震』第二一号、二三五～二四四頁（http://www.u-hyogo.ac.jp/shse/rkimura/06HE_Reo_color.pdf）

木村玲欧・林能成（二〇〇七）「一九四五年三河地震の被災地社会の変遷と被災者心理・行動パターン―災害発生後一〇〇〇時間　すまいとくらしの再建―」『歴史地震』第二二号、一二七～一四三頁（http://www.u-hyogo.ac.jp/shse/rkimura/07HE_Reo_color.pdf）

講談社史編纂委員会編（一九五九）『講談社の歩んだ五十年』講談社
地震調査研究推進本部（一九九九）『日本の地震活動—被害地震から見た地域別の特徴—〈追補版〉』地震調査研究推進本部（http://www.hp1039.jishin.go.jp/eqchr/eqchrfrm.htm）
「写真でみる東南海地震」編集委員編（一九九四）『写真でみる東南海地震—静岡県中遠地域を中心にして—』静岡県中遠県行政センター
首藤伸夫（二〇〇〇）「津波対策小史」『津波工学研究報告（東北大学）』第一七号、一〜一九頁
すみだ郷土文化資料館監修（二〇〇五）『あの日を忘れない　描かれた東京大空襲』柏書房
大日本雄弁会講談社編（一九二三）『大正大震災大火災』同社
田中重好・田渕六郎・木村玲欧・伍国春（二〇〇六）「津波からの避難行動の問題点と警報伝達システムの限界」『自然災害科学』二五（二）、一八三〜一九五頁（http://www.jsnds.org/contents/shizen_saigai_back_number/ssk_25_2_183.pdf）
中央気象台（一九四五）『昭和十九年十二月七日東南海地震調査概報』中央気象台
中央防災会議・災害教訓の継承に関する専門調査会（二〇〇七）『一九四四東南海・一九四五三河地震報告書』
中日新聞社会部（一九八三）『恐怖のM８　東南海、三河大地震の真相』中日新聞社
中日新聞社社史編さん室編集（一九九六）『中日新聞社の一一〇年』中日新聞社
角岡田賀男（一九九〇）『学童集団疎開と三河地震』こころの科学社
東京帝国大学地震研究所（一九四五）『東京帝国大学地震研究所研究速報第四号』同所
「東南海地震の体験から」編集委員会編（一九八七）『昭和一九年　東南海地震の体験から』静岡県中遠振興センター
鳥取県（一九四四）『鳥取県震災小誌』同県（http://kn.ndl.go.jp/view/2a53700e-f733-46a2-855d-7bd93c924f44）
泊　次郎（二〇〇四）「東南海地震と新聞検閲　内務省検閲課勤務日誌に見る」日本災害情報学会『第六回研究発表大会予稿集』一五〜二〇頁

内閣府（二〇一三）『平成二五年版　防災白書』同府（http://www.bousai.go.jp/kaigirep/hakusho/h25/index.htm）
内務省警保局検閲課新聞検閲係（一九四四）『勤務日誌　昭和十九年自十一月至十二月』（国立公文書館蔵）（国立公文書館デジタルアーカイブより閲覧可能）
内務省警保局検閲課新聞検閲係（一九四四）『新聞紙処分日誌　昭和十九年　一般安寧関係』同右
奈良県（二〇一三）『紀伊半島大水害の記録』同県（http://www.pref.nara.jp/item/99453.htm#moduleid23196）
奈良県安全・安心まちづくり推進課（二〇一三）ウェブ情報誌「安全・安心通信　第二三号」（二〇一三年一月三一日発行）（http://www.pref.nara.jp/secure/33553/tsushin-vol.23.pdf）
南島町教育振興会資料センター部編（二〇〇〇）『忘れない！あの日の大津波　東南海地震体験記録』南島町
日本損害保険協会・野村総合研究所（二〇一〇）「洪水ハザードマップ等の現状・課題に関する調査研究」日本損害保険協会（https://www.sonpo.or.jp/news/file/00476.pdf）
羽賀祥二（二〇〇七a）「地震の体験 ― 中島飛行機製作所半田工場にいた学徒たち」中央防災会議・災害教訓の継承に関する専門調査会『一九四四東南海・一九四五三河地震報告書』
羽賀祥二（二〇〇七b）「愛知県の被害・救済」同右
林　能成（二〇〇七a）「東南海地震による災害」同右
林　能成（二〇〇七b）「三河地震による災害」同右
林能成・木村玲欧（二〇〇七）「一九四五年三河地震における事前避難について」『歴史地震』第二二号、一一七～一二六頁（http://www.u-hyogo.ac.jp/shse/rkimura/07HE_Hayashi_color.pdf）
半田市誌編さん委員会編（一九九五）『半田の戦争記録』半田市
広島平和記念資料館編（二〇〇七）『図録　原爆の絵　ヒロシマを伝える』岩波書店
保坂亨・中澤潤・大野木裕明編著（二〇〇〇）『心理学マニュアル　面接法』北大路書房
丸岡町震災記念誌編纂委員会編（二〇〇〇）『丸岡町・福井大震災追想誌「お天守がとんだ」』福井県丸岡町

水谷鋼一・織田三乗（一九七五）『日本列島空襲戦災誌』東京新聞出版局
宮村攝三（一九九一）『回想の地震学人生』新日本出版社
山下文男（一九八六）『戦時報道管制下　隠された大地震・津波』新日本出版社
山下文男（一九九四）『家も学校も焼けてしまった―ある学童疎開ものがたり』新日本出版社
山下文男（二〇〇五）『津波てんでんこ　近代日本の津波史』新日本出版社
山下文男（二〇〇八）『津波と防災―三陸津波始末―』古今書院
山下文男（二〇〇九）『隠された大震災―太平洋戦争史秘録』東北大学出版会
山根康治郎・大久保謙（二〇〇八）「負ける戦争を生き抜いた新聞記者―新劇運動の影響と新聞の戦争責任」『中央評論（中央大学）』第二六三号、一二三〜一四七頁
吉村利男（二〇〇七）「三重県の被害・救済」中央防災会議・災害教訓の継承に関する専門調査会『一九四四東南海・一九四五三河地震報告書』
渡辺偉夫（一九九八）『日本被害津波総覧［第二版］』東京大学出版会
FACTA ONLINE（二〇〇七）「朝毎読日経ＶＳ地方紙のシェア争い　独占入手　都道府県別発行部数一覧」二〇〇七年七月号（インターネット・月刊 FACTA ONLINE より　http://facta.co.jp/article/200707008.html?utm_source = twitterfeed&utm_medium = twitter）

解　説

本書は、二〇一四年（平成二六）八月に発刊したものを、装丁を新たにして、二〇二〇年（令和二）一月に新装版として刊行したものである。

災害の書籍というと、自然科学・工学的な解説のものが充実している。しかし本書は、被災者の体験談や、当時の社会状況のなかでの災害対応をもとに、社会科学の立場から「社会現象としての災害」を明らかにしようとした。また、人間の一生においては、まったくないかせいぜい数回しか直接的に経験しない地震災害を「知る」ことで、防災への「わがこと意識」を高めて「備え」を進めてもらいたく、災害対応の教訓や防災教育についても取り上げた。本書は、ありがたいことに新聞の書評などで取り上げられたり、増刷をされたりするなかで、今回、新装版としての機会をいただくことになった。

発刊からわずか五年余りである。しかし、地震災害だけを取り上げても、二一世紀の大災害時代を実感させる数々の災害が発生した。二〇一六年（平成二八）には、熊本地震が発生した。気象庁震度階級では最大の「震度七」を観測する地震であった。しかも、四月一四日（木）夜九時二六分（前震）と、その二八時間後の四月一六日（土）深夜一時二五分（本震）の二回にわたって震度七の揺れに襲われた。特に二回目の震度七は、気象庁マグニチュード（Mj）七・三であった。これは一九九五年（平成七）兵庫県南部地震（阪神・淡路大震災）と同じ大きさのものである。

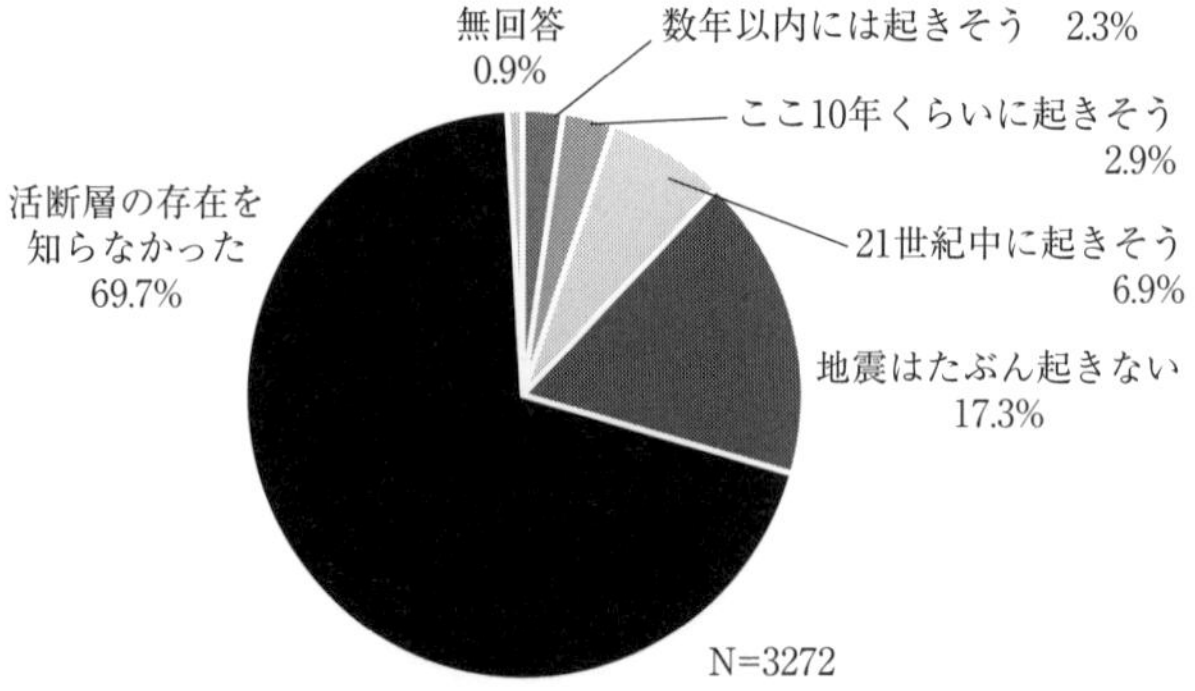

図70　地震発生前に「地域の活断層によって地震が起きる」と思っていたか

熊本地震から七ヵ月後、筆者は文部科学省・地震調査研究推進本部専門委員として、文部科学省とアンケート調査を行った（文部科学省〈二〇一九〉「平成二十八年熊本地震における余震情報と避難行動等係る影響等の把握等に関するアンケート調査及び分析報告書」）。

質問において、「お住まいの地域の活断層によって地震が起きる」と地震発生前から思っていましたか、とたずねたところ、「活断層の存在を知らなかった」が六九・七％となり、約七割の住民が地域の活断層の存在自体をそもそも知らなかった。次いで、「地震はたぶん起きない」が一七・三％、「二一世紀中に起きそう」が六・九％、「ここ一〇年くらいに起きそう」が二・九％、「数年以内には起きそう」が二・三％、無回答が〇・九％であった。地震発生前から活断層の存在を知っていた約三割の住民についても、その半数が「地震はたぶん起きない」と認識していたことが明らかになった（図70）。実際に、筆者が熊本地震の本震翌日にＮＨＫと現地に入った時に、益城町や熊本市内の小学生から、「学校の授業で、（今回の地震を引き起こしたといわれている）布田川《ふたがわ》断層や日奈久《ひなぐ》断層は習ったけど、その断層が地震を起こすことは習わなかった」との話を聞くことができた。

そしてこのような「地域の活断層の存在や活断層による地震発生の可能性」を、地震前にどのように認識していたのか。そしてその認識の違いが、実際に地震が起きた後、「余震が起きるかもしれない」という適切な行動を起こすための考えにどのように影響を与えていたのかを、アンケートでたずねた。その結果、地震前から「地

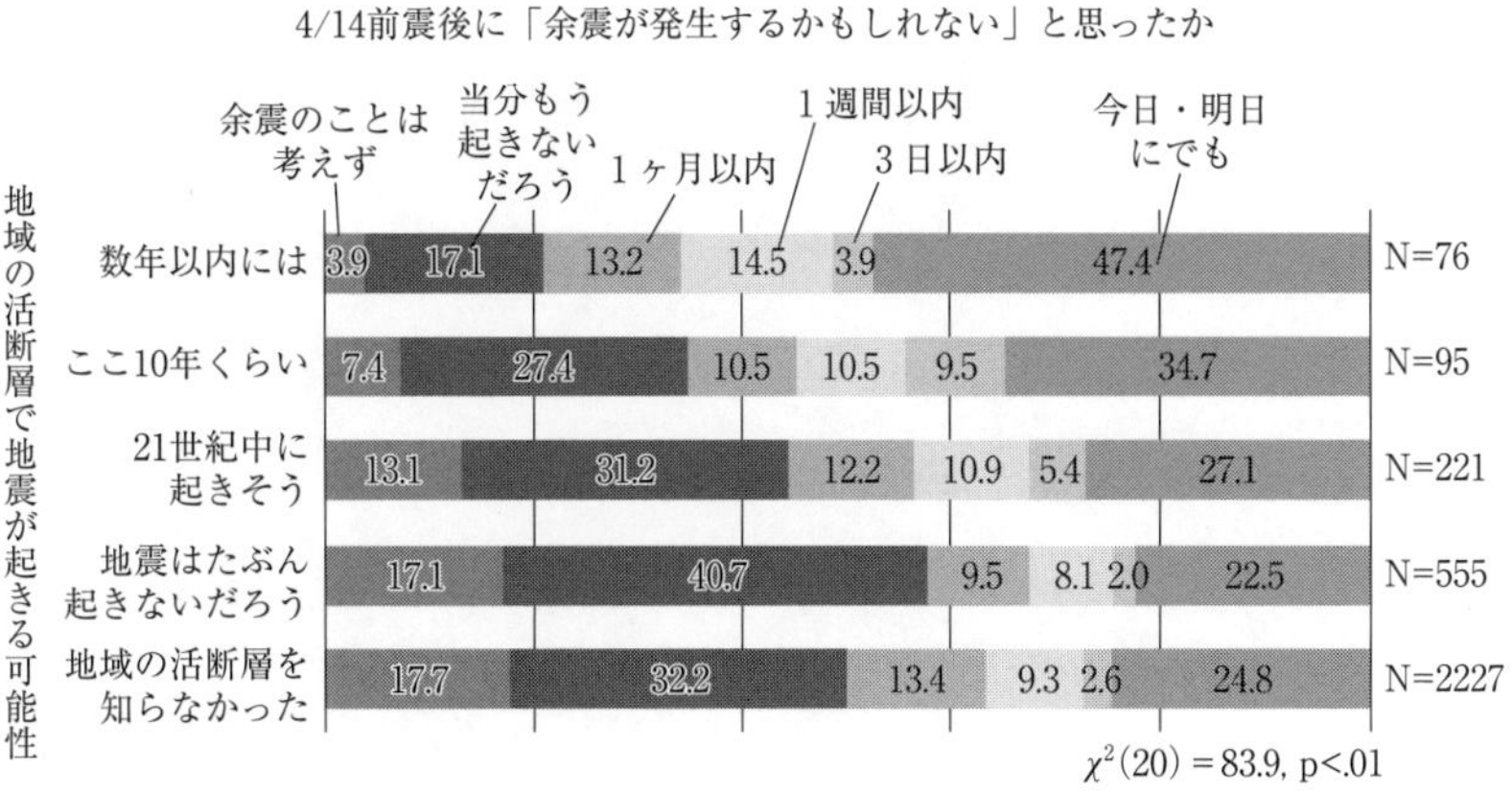

図71　地域の活断層の認知と前震（4/14）後の余震発生の想起

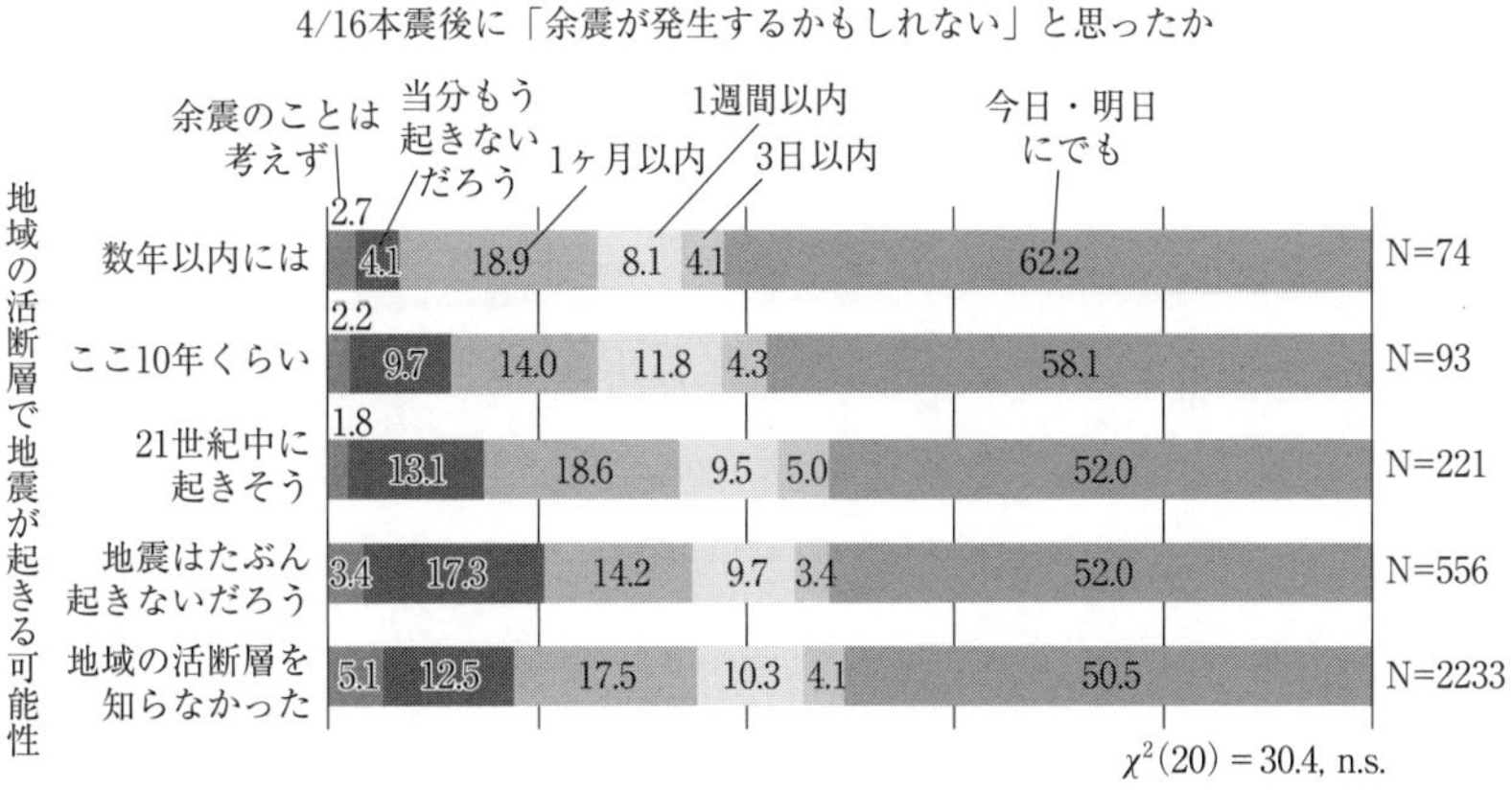

図72　地域の活断層の認知と本震（4/16）後の余震発生の想起

図73　三河地震の３日くらい前から前震があり、警戒して外で寝た人も多かった。地震前日、私の家でも裏の空地にシートをテント代わりに張り、そこへ布団を持ち出して家族みんなで寝た。１月10日・11日は近所もけっこう外にいたが、12日に揺れが少なくなって大分家に戻ってしまった。だから13日未明の地震の夜には外に寝た人のほうが少なかった。
（宝飯郡形原町（現蒲郡市形原町）三浦昭六氏（当時13歳）の体験より）（画　藤田哲也）

域の活断層で近い将来に地震が起きる可能性がある」と考えていた人ほど、前震後も「余震が発生するかもしれない」という考えに至っていることがわかった（図71）。今回の前震のような、人的・家屋被害がそれほど大きくなく、避難行動等の判断に迷うような地震が発生した場合には、地震前の災害に関する知識・意識が、地震発生時の判断に影響を与えることが考えられる。

一方で、人的・家屋被害を多く出した本震後についても分析すると、地震発生前の地域の活断層に関する知識・意識と、本震後の余震が発生するかもしれないという想起との間には、統計的に意味のある差は見られなかった（図72）。人的・家屋被害が大きい地震が発生した場合には、地震前の災害に関する知識・意識に関係なく、人々を避難行動等に駆り立てていることが考えられる。

この教訓は、現在に始まったものではない。本書の「第一章　地震はいかにして隠されたのか」の「前震への対応」に記したように、「三河地震の三日くらい前から前震があり、警戒して外で寝た人も多かったが、日がたつにつれ揺れが少なくなってきたために、本震の時には外で寝た人は少なかった」という証言もある（図73）。私たちは「地震は連続して発生する可能性がある」という知識を再確認した上で、地震が発生した後には、過去の教訓をもとに、個人・地域・行政でしっかりと声をかけあいながら対応する必要がある。一九四五年の教訓も、その七一年後の二〇一六年の教訓も、同じく私たちに訴えかけている。

二〇一六年熊本地震から二年、二〇一八年（平成三〇）には、島根県西部の地震、大阪府北部の地震、北海道胆振東部地震と、立て続けに大きな地震災害が発生した。大阪府北部の地震では、ブロック塀の倒壊によって、登校中の小学校四年生の女児や、小学生の見守り活動に向かっていた八十歳の男性が犠牲になった。

ブロック塀の死亡については、一九七八年（昭和五三）宮城県沖地震が取り上げられることが多い。地震の犠牲者二八名中、一八名はブロック塀など屋外における石造物品の崩れによる圧死であった。夕方五時過ぎに発生し、下校中の小学生や買い物中の高齢者が多く犠牲になった。地震以前の昭和四五年の政令改正で、建築基準法施工令第六二条の八として、はじめてブロック塀の構造強度の基準が示され、基礎や縦横の鉄筋の間隔、控壁の間隔などが指定されていた。しかし、改正より古い塀には遡及されないので、地震当時の塀で鉄筋が十分あったものは少なかった（北原糸子・松浦律子・木村玲欧編〈二〇一二〉『日本歴史災害事典』）。

このようなコンクリートや石などの倒壊による危険性は、一九四四年東南海地震でも見受けられる。愛知県碧《へき》海《かい》郡明治村和泉《いずみ》（現　愛知県安城市和泉町）の沓名美代さんは、尋常小学校の六年生（一一歳）だった。地震発生当時、学校行事として戦勝を祈願するためのお宮参りをしていた。大きな揺れがやってきて、男子児童があわてて神社の石灯ろうにしがみついたところ、灯ろうがゆれ始めたので、先生があわてて「灯ろうから離れろ！」と叫んだ。次の瞬間に灯ろうが倒れたが、児童がパッと離れたために事なきを得たというものである（図74）。また二〇一六年熊本地震でも、当時二十九歳の男性がブロック塀の下敷きになって亡くなっており、私たちはこのよう

図74　学校行事で戦勝祈願のお宮参りをしていた。男子児童があわてて神社の石灯ろうにしがみついたところ、灯ろうがゆれ始めたので、先生があわてて「灯ろうから離れろ！」と叫んだ。次の瞬間、灯ろうが倒れたが、児童が灯ろうからパッと離れていたために事なきを得た（明治村和泉（現安城市和泉町）沓名美代氏（当時11歳）の体験より）（画　藤田哲也）

なくりかえされる被害に対して、「ブロック塀は凶器になる」「揺れがはじまったらブロック塀などからなるべく離れる」といった教訓を、防災教育・訓練などを通してこれからも徹底させていく必要がある。

二〇一八年北海道胆振東部地震では、熊本地震からわずか二年で最大震度七を観測する地震が再び起きることとなった。地震前日にかけて北海道付近を通過した台風二一号による大雨で、火山噴火の堆積物による地盤が緩み、厚真町では地震によって大規模な土砂崩れを引き起こし、三六人が死亡した。また、苫東厚真火力発電所の被害によって、道内全体のほぼ全域で電力が止まる「ブラックアウト」が発生して生活に大きな影響を与えた。

筆者は、この日、たまたま旭川市内のホテルに宿泊していたが、夜中三時過ぎ、大きな揺れによって目を覚ました。布団をかぶりながら電気とテレビをつけ、揺れが収まってから、人が通れる隙間ができるまでドアを開けて、バスタブにお湯を張り終えて蛇口を閉めた時、停電によって真っ暗になり、そのまま朝を迎えることになった。ホテルでは、受水槽までポンプで上げているからか、停電後しばらくすると部屋の水が出なくなり、外の信号も電車も止まり、商店やガソリンスタンドも一部を除いて営業をしていない状況だった。ライフラインの停止が、現代社会での日常生活の継続性にいかに大きく影響するのかを再確認する機会になった。

一九四五年三河地震において、明治村和泉（現安城市和泉町）の鈴木敏枝さん（当時一五歳）・沓名美代さん（当時一一歳）の姉妹の体験談を見ると、家が倒壊したため、外にかまどを作り、隣組と共同で炊事して、一ヵ月ほど露天で一緒に食事をした。しかし、農家のため食料はあり、井戸水の水脈が切れなかったため水の不自由もなかった。しかも、すぐ裏の家の乳牛が家の下敷きになって死んだため、その牛を食べることができた。普段は口にできない牛を食べることができたのはいい思い出だったということであった（図75）。

図75　家が倒壊したため、外にかまどを作り、隣組で共同で炊事して、露天で一緒に食事をした。農家で食糧もあり、井戸水も不自由がなかった。地震で死んだ牛も食べることができた。（明治村和泉（現安城市和泉町）鈴木敏枝氏（当時15歳）・沓名美代氏（当時11歳）の体験より）（画　藤田哲也）

当時農村であった明治村では、他の被災者からも「農家なので食べ物には困らなかった」という証言が相次いだ。地震によって母親が亡くなり、天涯孤独になった岩瀬繁松さん（当時一七歳）は「僕は、一人だもんで面倒くさいことはなるべく避けにゃいかん。それで朝、ご飯たいて、みそ汁つくって、煮物をやっとく。面倒なときは、鍋に野菜やらいっぱい入れて、味噌とかしょうゆを入れて雑炊にね。それがね、かえってよかったんじゃないかな。肥えたよ。本当だよ」と証言をしており、食料事情は豊かであったことがうかがえる。

社会が発展して都市化が進むと、電気・ガス・上下水道のライフラインや、道路・橋梁・交通・通信といった社会基盤が複雑になるために、かえって災害に脆弱になり、災害の被害・影響が多様化・大規模化することが考えられる。過去との違いを知ることで、かえって現代の備えのあり方を考えるきっかけになる教訓だといえよう。

地震災害は、たんなる「自然現象」ではなく、それを迎え撃つ社会や人間側の特徴によって、さまざまなかたちで被害・影響が発生する「社会現象」としての側面をもつ。地震災害が起きるたびに、くりかえし起きる課題とともに新たな課題も浮かび上がる。二十一世紀の大災害時代には、南海トラフ地震、首都圏直下型地震、千島海溝沿いの地震など数多くの地震の発生が懸念されている。また地球温暖化による風水害の多発も予想されている。

これからの私たちにとって、災害は「めったに起きないもの」ではなく、「頻繁に発生し、その度に自分たちの命を脅かすもの」という「わがこと意識」を持つべきである。そして過去の災害・教訓を学び、自分たち（自分の家・地域・組織など）の弱いところ、家・地域・組織で起こりうる問題を知り、計画や訓練などを行い、その内容を継続的に見直していくことによって、災害への対応力・応用力を上げていく必要がある。

過去こそが、未来の私たちの姿を教えてくれる道標《みちしるべ》なのである。

二〇一九年一一月

著者

著者紹介
一九七五年　東京都生まれ
一九九八年　早稲田大学人間科学部卒業
二〇〇四年　京都大学大学院情報学研究科博士後期課程修了
名古屋大学大学院環境学研究科助教、富士常葉大学環境防災学部准教授等を経て、
現在　兵庫県立大学環境人間学部・大学院環境人間学研究科教授
博士（情報学）（京都大学）

〔主要著書〕
『超巨大地震がやってきた　スマトラ沖地震津波に学べ』（共著、時事通信社、二〇〇六年）
『日本歴史災害事典』（共編、吉川弘文館、二〇一二年）
『歴史災害を防災教育に生かす―一九四五三河地震―』（古今書院、二〇一三年）
『災害・防災の心理学―教訓を未来につなぐ防災教育の最前線―』（北樹出版、二〇一五年）

戦争に隠された「震度7」〈新装版〉
1944東南海地震・1945三河地震

二〇一四年（平成二十六）八月一日　第一版第一刷発行
二〇二〇年（令和　二　）二月一日　新装版第一刷発行

著　者　木《き》村《むら》玲《れ》欧《お》
発行者　吉川道郎
発行所　株式会社 吉川弘文館
郵便番号一一三―〇〇三三
東京都文京区本郷七丁目二番八号
電話〇三―三八一三―九一五一〈代〉
振替口座〇〇一〇〇―五―二四四番
http://www.yoshikawa-k.co.jp/
印刷＝藤原印刷株式会社
製本＝ナショナル製本協同組合
装幀＝河村　誠

ISBN978-4-642-08375-1

日本災害史

北原糸子編

四六判・四八〇頁・原色口絵四頁／四二〇〇円

古代から現代まで、人々はいかに災害を乗り越えてきたのか。復興に努力した歴史を探り、時代ごとに異なる社会の対応を解明。歴史学・考古学・土木学・ジャーナリズムなどの研究をもとに、災害から日本社会の様相を読み解く。

中世の巨大地震

（歴史文化ライブラリー）

矢田俊文著

四六判・二二二頁／一七〇〇円

一〇〇年から一五〇年のサイクルで日本を襲う、阪神淡路大震災をはるかにこえる巨大地震。中世社会は、巨大地震にどう立ち向かったか。難波浦の津波による被害など未曾有の被害の実態に迫り、現代社会に警鐘を鳴らす。

近世の巨大地震

（歴史文化ライブラリー）

矢田俊文著

四六判・二五六頁／一八〇〇円

近世社会を何度も襲った巨大地震。幕府への被害報告や人々の日記から、津波や家屋倒壊の被害状況、死亡者数などを復元。俳句や紀行文などにまで「地震史料」の枠を広げ、歴史災害から未来への備えを拓くことに挑む。

（表示価格は税別）

大地震　古記録に学ぶ（読みなおす日本史）

宇佐美龍夫著　四六判・二二六頁／二二〇〇円

大地震が同じ震源域で起きる間隔は、人の一生より長い。そのため、過去の状況を知るには歴史資料の活用が不可欠となる。最新の研究成果から、歴史地震の被害や震源・震度分布・防災対応を検証。将来の地震に備える。

地震の社会史　安政大地震と民衆（読みなおす日本史）

北原糸子著　四六判・三八四頁／二八〇〇円

一八五五年、百万都市江戸を襲った安政大地震。甚大な被害状況に人々はどう対応したか。幕府の御救いや民間救済事業の実態、かわら版や鯰絵から復興を願う被災者の心性を探る。災害社会史の名著に、最新の研究成果を増補。

災害復興の日本史（歴史文化ライブラリー）

安田政彦著　四六判・二四〇頁／一七〇〇円

富士山噴火・養和の大飢饉・明暦の大火・関東大震災など、人びとは災害をどう乗り越えてきたのか。古記録などにみえる被災の実態について、復興に焦点をあてて描く。過去の経験が指し示す、防災・減災への手掛かりとは。

写真集 関東大震災

北原糸子編

Ａ４判・四二四頁／一二〇〇〇円

一九二三年、首都を廃墟と化し、死者・不明者十万人に及ぶ未曾有の災害をもたらした巨大地震。航空写真、震災直後の様相、立ち向かう人々の姿、復興する都市など、七〇〇枚の貴重な写真でよみがえる大震災と復興の記録。

津波災害と近代日本

北原糸子著

Ａ５判・三〇八頁／四八〇〇円

幕末の安政東海・南海地震津波や、近代の明治・昭和三陸津波に、人々はいかに立ち向かい、後世へ何を残し伝えたのか。被災から復興までの現実をさまざまな資料をもとに復元し、困難を克服するための道筋を探り出す。

日本歴史災害事典

北原糸子・松浦律子・木村玲欧編

菊判・八九二頁／一五〇〇〇円

貞観年間から二〇一一年まで、日本の多様な災害を収録。人文系、理工系各分野の第一人者を結集し、災害のメカニズムから復興・防災までを総合的視点で書き下ろす。用語解説・コラムも充実した画期的〈災害総合事典〉。

〈表示価格は税別〉

吉川弘文館